Atrévete a ser feliz

Ichiro Kishimi y Fumitake Koga

Atrévete a ser feliz

Descubre el poder de la psicología positiva y elige ser feliz cada día

zenith

Obra editada en colaboración con Editorial Planeta - España

Título original: *Shiawase ni naru yuki*

Publicado originalmente en Japón como *Shiawase ni naru yuki*,
por Diamond, Inc., Tokyo, en 2016.

Publicado por primera vez en España por Zenith, en 2022.

Esta edición ha sido publicada por acuerdo con Diamond, Inc., Tokyo,
a cargo de Tuttle-Mori Agency, Inc., Tokyo, a través de International Editors'
Co., Barcelona.

Bajo el sello editorial ZENITH M.R.
Avenida Presidente Masarik núm. 111,
Piso 2, Polanco V Sección, Miguel Hidalgo
C.P. 11560, Ciudad de México
www.planetadelibros.com.mx
www.paidos.com.mx

Primera edición impresa en España: enero de 2022
ISBN: 978-84-08-25069-2

Primera edición impresa en México: julio de 2022
ISBN: 978-607-569-312-5

Impreso en los talleres de Impregráfica Digital, S.A. de C.V.
Av. Coyoacán 100-D, Valle Norte, Benito Juárez
Ciudad De Mexico, C.P. 03103
Impreso en México –*Printed in Mexico*

NOTA DE LOS AUTORES

Alfred Adler es, junto a Sigmund Freud y Carl Gustav Jung, una de las figuras más importantes en el mundo de la psicología; sin embargo, durante muchos años fue un gigante olvidado. Este libro aplica el formato tradicional de la filosofía griega, el diálogo entre un joven y un filósofo, para ofrecer una introducción al pensamiento de Adler, del que se dice que se adelantó un siglo a su tiempo.

Los personajes que aparecen en el libro son un filósofo inmerso en el estudio de la filosofía griega y el pensamiento adleriano y un joven que mira su vida con pesimismo. En la obra anterior, *Atrévete a no gustar*, el joven interrogaba al filósofo acerca del verdadero significado de la afirmación de que «las personas pueden cambiar. Y, lo que es más, pueden hallar la felicidad», una aseveración basada en las ideas de Adler. El filósofo le responde así:

«No existen los problemas internos. Todos los problemas tienen que ver con las relaciones interpersonales». «No debemos tener miedo a no gustar. La libertad consiste en no gustar a los demás». «No es que te falte capacidad, sino que te falta valor». «No existen ni el pasado ni el futuro. Solo existe el "aquí y ahora"».

El joven se rebela una y otra vez contra el torrente de afirmaciones radicales. Sin embargo, cuando se topa con el concepto de «sentimiento de comunidad», acaba aceptando las palabras del filósofo y decide cambiar.

Este libro se ubica tres años después. El joven, que se ha convertido en profesor con la intención de poner en práctica las ideas de Adler, visita de nuevo al filósofo. «La filosofía adleriana no es más que un montón de teorías vacuas. Quieres tentar y corromper a la juventud con las ideas de Adler. Me tengo que alejar de estas ideas, son demasiado peligrosas», dice el joven.

¿Cómo deberíamos emprender el camino a la felicidad que reveló el volumen anterior? ¿Es el pensamiento de Adler una filosofía realmente factible en la práctica, o acaso es puro idealismo? ¿Cuál es la mayor encrucijada vital a la que llegó Adler?

Esta es la conclusión de una obra en dos partes que explora la esencia de Alfred Adler y examina su psicología de la valentía, del valor. Te pedimos que determines por ti mismo, de la mano del joven que dudó de Adler y se rebeló contra él, cuál es la verdadera forma de valentía que necesitamos.

SUMARIO

Parte III.
Del principio de la competencia al principio de la cooperación

Parte IV.
Da y te será dado

Parte V.
Elige la vida que amas

Tendría que haber sido una visita más desenfadada y amistosa. «Espero que no te importe que vuelva a visitarte en algún momento. Sí, como a un amigo irreemplazable. Y ya no diré nada más acerca de desmontar tus argumentos». Así se despidió el joven aquel día. Sin embargo, ahora, tres años después, regresaba al estudio del filósofo con intenciones muy distintas. Temblaba por la gravedad de lo que estaba a punto de confesar y no sabía por dónde empezar.

PREÁMBULO

FILÓSOFO: Bueno, ¿qué te parece si me cuentas qué pasa?

JOVEN: ¿Quieres decir que por qué he vuelto? Bueno, por desgracia no he venido solo a pasar el rato y a retomar una antigua amistad. Estoy seguro de que estás muy ocupado, y la verdad es que yo tampoco tengo demasiado tiempo para estas cosas. Así que, en definitiva, si he vuelto, es porque es urgente.

FILÓSOFO: Sí, parece que sí.

JOVEN: He reflexionado a fondo. Le he dado muchas vueltas y, de hecho, me he obsesionado más de lo necesario, me lo he pensado muy bien. Y, como he llegado a una conclusión muy seria, he decidido que tenía que compartirla contigo. Sé que estás muy ocupado, así que te pido que me concedas tu tiempo esta tarde. Creo que, muy probablemente, esta será mi última visita.

FILÓSOFO: ¿Qué ha pasado?

JOVEN: ¿No lo adivinas? ¡Ese es precisamente el problema! Llevo mucho tiempo sin saber qué hacer: ¿He de renunciar a Adler o no?

FILÓSOFO: Ah, ya veo.

JOVEN: Iré al grano: Adler es un charlatán. Un completo charlatán. Y aún diré más: sus ideas son peligrosas, incluso perjudiciales. Aunque sé que eres libre de aferrarte a lo que quieras, me gustaría que, en la medida de lo posible, por una vez en tu vida permanezcas en silencio. Como te he dicho antes, he decidido que la de esta noche sea mi última visita, pues sé que tengo que renunciar a Adler por completo, en tu presencia y con esta sensación en mi corazón.

FILÓSOFO: ¿Qué ha pasado para que llegues a esta conclusión?

JOVEN: Te lo explicaré con serenidad y de una forma ordenada. Para empezar, ¿te acuerdas de aquel día hace tres años, la última vez que te vi?

FILÓSOFO: Claro que sí. Era un día de invierno y la nieve blanca relucía por todas partes.

JOVEN: Sí, fue una maravillosa noche de invierno, con el cielo despejado y una gran luna llena. Ese día, influido por las ideas de Adler, di un gran paso adelante. Dejé mi trabajo en la biblioteca de la universidad y encontré trabajo como profesor en la secundaria donde había estudiado. Pensé que me gustaría poner en práctica una educación basada en las ideas de Adler y la quería llevar a tantos alumnos como me fuera posible.

FILÓSOFO: Pues a mí me parece una decisión maravillosa.

JOVEN: Sí, lo fue. En aquel entonces ardía de idealismo. Me resultaba impensable guardarme esas ideas maravillosas, quedarme para mí solo esas ideas capaces de cambiar el mundo. Tenía que conseguir llevarlas a más personas, para que las entendieran. Pero ¿a quién? Solo había una respuesta posible. Los adultos, que ya no son seres puros e inmaculados, no necesitan saber de Adler. La clave reside en transmitir sus ideas a los niños que conformarán la siguiente generación. Esa es la única manera de garantizar que las ideas de Adler sigan evolucionando. Esa era la misión que me había sido encomendada. El fuego en mi interior ardía con tanta fuerza que hasta corría peligro de quemarme.

FILÓSOFO: Ya veo. Sin embargo, me he dado cuenta de que hablas en pasado.

JOVEN: Sí, ahora ya es historia. Pero no me malinterpretes. No he perdido la fe en mis alumnos. Y tampoco he perdido la fe ni me he rendido en lo que concierne a la educación. Solo he perdido la fe en Adler. Es decir, he perdido la fe en ti.

FILÓSOFO: ¿Por qué?

JOVEN: Bueno, ¡eso es lo que tendrías que plantearte y preguntarte tú! Las ideas de Adler son inútiles en la sociedad real. No son más que teorías abstractas y vacías. Me refiero sobre al principio pedagógico de no hacer «ni elogios ni reprimendas». Y, para que lo sepas, lo seguí al pie de la letra. No elogiaba y tampoco daba reprimendas. No elogiaba ni los exámenes perfectos ni el orden impoluto. Y tampoco regañaba a nadie por olvidar la tarea o por hacer ruido en clase. ¿Qué crees que conseguí con eso?

FILÓSOFO: ¿Una clase descontrolada?

JOVEN: Totalmente. Pero ahora, cuando lo pienso, veo que no cabía esperar otra cosa. Fue culpa mía por creerme toda esa palabrería barata.

FILÓSOFO: ¿Y qué hiciste entonces?

JOVEN: Bueno, huelga decir que con aquellos alumnos que se portaban mal opté por el camino de la reprimenda severa. Sé que, probablemente, ahora te reirás de mí y me dirás que fue una solución absurda. Pero mira, no soy de los que se quedan en las nubes, filosofando, soñando despiertos. Soy un educador que vive en el mundo real, que trata con situaciones reales, sobre el terreno, y que se preocupa por la vida y el futuro de sus alumnos. Porque la realidad frente a nosotros nunca espera; se mueve constantemente, momento a momento. ¡No te puedes quedar ahí sentado sin hacer nada!

FILÓSOFO: ¿Y te ha dado buen resultado?

JOVEN: Es lógico que si los sigo regañando, tampoco conseguiré nada bueno. Pero ahora me desprecian, me consideran un blandengue. Si te digo la verdad, hay veces en que envidio a los maestros y profesores de antaño, de cuando se permitía el castigo físico y era incluso la norma.

FILÓSOFO: No es una situación fácil.

JOVEN: No, no lo es. Y, para que no haya malentendidos, quiero añadir que no me he dejado llevar por la emoción, ni tampoco me he enojado. Solo he regañado de una manera racional, como último recurso, con fines educativos. Podríamos decir que prescribo un antibiótico llamado «reprimenda».

FILÓSOFO: Y entonces sentiste que querías renunciar a las ideas de Adler.

JOVEN: Bueno, lo he dicho solo para darte un ejemplo. Las ideas de Adler son maravillosas, de eso no cabe duda. Sacuden tu sistema de valores y te hacen sentir que los nubarrones que se ciernen sobre ti se empiezan a disolver. Te cambian la vida y parecen estar más allá de todo reproche, casi como si fueran verdades universales. Sin embargo, el problema es que solo se sostienen aquí, en este estudio. Cuando uno abre la puerta y se sumerge en el mundo real, son demasiado ingenuas. Los argumentos de Adler no son nada prácticos, no son más que un idealismo vacío. Has fabricado un mundo que sirve a tus propósitos aquí, en este espacio, donde te puedes perder y soñar despierto. ¡No tienes ni idea de cómo funciona el mundo real ni la multitud de personas que lo habitan!

FILÓSOFO: Ya veo… ¿y entonces?

JOVEN: ¿Una educación sin elogios ni reprimendas? ¿Una educación que defiende la autonomía y que deja que los alumnos se las arreglen solos? Eso equivale nada más y nada menos que a renunciar al deber profesional como educador. A partir de ahora me pienso enfrentar a los niños de un modo muy distinto a lo que postula Adler. Me da igual que esté «bien» o no, porque no tengo otra opción. Elogiaré y regañaré. Y, naturalmente, también tendré que castigar con dureza cuando sea necesario.

FILÓSOFO: Entonces, si lo he entendido bien, no vas a dejar de enseñar, ¿no?

JOVEN: Claro que no. Nunca renunciaré a ser educador. Ese es el camino que he elegido. No es un trabajo, es un estilo de vida.

FILÓSOFO: Me alegra oír eso.

JOVEN: ¿Así que no crees que haya ningún problema? Si voy a seguir dando clases, tengo que olvidarme de las ideas de Adler aquí y ahora. De otro modo, estaría renunciando a mis responsabilidades como educador y abandonando a mis alumnos. Es la proverbial navaja en el cuello. Bueno, ¿qué me dices?

FILÓSOFO: Para empezar, permíteme que te corrija una cosa. Antes has usado la palabra *verdad*. Sin embargo, yo no presento a Adler como una verdad absoluta o inmutable. Podría decirse que lo que hago es dar una receta para unas gafas. Estoy convencido de que mucha gente ha ampliado su campo de visión gracias a ellas. Por otro lado, es probable que también haya quien diga que desde que las lleva ve las cosas más borrosas que antes. No se me ocurriría obligar a estas personas a ponerse las gafas de Adler.

JOVEN: Ah, entonces, ¿las rehúyes?

FILÓSOFO: No. Mira, te lo diré de otro modo. No hay un pensamiento más fácil de malinterpretar y más difícil de entender que la psicología adleriana. La mayoría de quienes dicen conocer a Adler malinterpretan sus enseñanzas. No poseen el valor necesario para afrontar una comprensión honesta ni intentan mirar directamente el paisaje que se extiende más allá de esta forma de pensamiento.

JOVEN: ¿La gente malinterpreta a Adler?

FILÓSOFO: Sí. Cuando alguien que entra en contacto por primera vez con las ideas de Adler se siente conmovido al instante y dice algo así como «la vida es más fácil ahora», es que las ha malinterpretado por completo. Porque cuando uno entiende de verdad lo que Adler nos exige, lo más probable es que se sorprenda de lo difícil que es.

JOVEN: Entones, ¿quieres decir que yo también he malinterpretado a Adler?

FILÓSOFO: Sí, escuchándote creo que sí. De todos modos, no eres en absoluto el único. Hay muchísimos adlerianos (practicantes de la psicología adleriana) que lo malinterpretan al principio y que luego van subiendo peldaño a peldaño por la escalera de la comprensión. Lo que me parece es que aún no has encontrado la escalera que has de subir. Yo tampoco la encontré enseguida cuando era joven.

JOVEN: Ah, ¿tú también pasaste por un periodo en el que te sentiste perdido?

FILÓSOFO: Sí, claro.

JOVEN: Entonces quiero que me enseñes. ¿Dónde está esa escalera de la comprensión, o como quiera que se llame? Y, en todo caso, ¿qué quieres decir con eso de «escalera»? ¿Dónde la encontraste?

FILÓSOFO: Tuve mucha suerte, porque conocí a Adler cuando era un padre reciente y me había quedado en casa para criar a mi hijo.

JOVEN: ¿Qué quieres decir?

FILÓSOFO: Que conocí a Adler a través de mi hijo y que, junto a mi hijo, pude practicar y, por lo tanto, ahondar en mi conocimiento y obtener pruebas fehacientes acerca de las ideas de Adler.

JOVEN: ¡Eso es lo que quiero que me expliques! ¿Qué aprendiste? ¿Y cuáles son esas pruebas fehacientes?

FILÓSOFO: Dicho en una palabra: «amor».

JOVEN: ¿Cómo?

FILÓSOFO: ¿De verdad necesitas que te lo repita?

JOVEN: ¡Ja, ja! ¡Ahí has estado bien! Amor, ¿eso de lo que no hace falta hablar? ¿Quieres decir que tengo que saber qué es el amor si quiero conocer al Adler real?

FILÓSOFO: Los que tanto se ríen al escuchar la palabra no entienden lo que significa. El amor del que habla Adler es la tarea más ardua y que exige más valor de todas las que hay.

JOVEN: ¡Anda ya! Estás a punto de sermonearme acerca del amor al prójimo. Mira, no me apetece nada escucharlo.

FILÓSOFO: Acabas de decir que has llegado a un callejón sin salida en la educación y que desconfías de Adler. Y después te has apresurado a proclamar que reniegas de Adler y que ni siquiera quieres oír hablar de él. ¿Por qué te alteras tanto? Imagino que creías que las ideas de Adler eran cuasi mágicas, que las blandirías cual varita mágica y que, sin más, todos tus deseos te serían concedidos. Si es así, vale más que renuncies a Adler. Deberías renunciar a la imagen errónea que te has hecho de Adler y esforzarte en conocer al Adler de verdad.

JOVEN: ¡No, te equivocas! Para empezar, nunca he esperado que Adler sea mágico ni nada por el estilo. Y, además, tal y como creo que tú mismo dijiste una vez, «todos podemos ser felices a partir de este momento».

FILÓSOFO: Sí, lo dije.

JOVEN: ¿Acaso no son esas palabras un ejemplo perfecto de magia? Adviertes a la gente de que no se deje engatusar por dinero falso al tiempo que intentas endosarles dinero falso. ¡Es el clásico truco del estafador!

FILÓSOFO: Todos podemos ser felices a partir de este momento. Es un hecho irrefutable, no es magia en absoluto. Tú y todos los demás podemos emprender pasos que nos lleven a la felicidad. Sin embargo, no podemos alcanzar la felicidad si permanecemos en el mismo sitio, inmóviles. Debemos seguir caminando por el camino que hemos emprendido. Tenemos que tener eso muy claro.

Diste el primer paso. Un gran primer paso. Sin embargo, ahora no solo has perdido el valor y has permitido que tus pies se detengan, sino que estás intentando dar marcha atrás. ¿Sabes por qué?

JOVEN: Quieres decir que no tengo paciencia.

FILÓSOFO. No, lo que pasa es que aún no has tomado la decisión más importante de tu vida. Eso es todo.

JOVEN: ¿La decisión más importante de mi vida? ¿Qué tengo que decidir?

FILÓSOFO: Ya te lo he dicho antes. El «amor».

JOVEN: ¡Bah! ¿Esperas que entienda lo que quieres decir? ¡No te escudes en la abstracción!

FILÓSOFO: Te hablo muy en serio. Todas las dificultades que experimentas ahora tienen que ver con un mismo concepto, el «amor». De ahí vienen tanto las dificultades que vives respecto a la educación como las que se refieren a la vida que deberías vivir.

JOVEN: Muy bien. Creo que esto debo refutarlo, pero ahora, y antes de que nos metamos de lleno en la discusión, me gustaría decir algo. No me cabe duda de que eres un Sócrates moderno. Pero no lo digo por su forma de pensar, sino por su delito.

FILÓSOFO: ¿Su delito?

JOVEN: Mira, al parecer, Sócrates fue sentenciado a muerte porque se sospechaba que había tentado y corrompido a los jóvenes de la antigua ciudad-estado griega de Atenas, ¿verdad? Acalló a sus discípulos, que le rogaban que escapara de prisión, se bebió una infusión de cicuta y dejó este mundo. ¿No te parece interesante? Si me lo preguntas, te diré que quienes defienden las ideas de Adler aquí, en esta capital antigua, son culpables de exactamente el mismo delito. En otras palabras, ¡tientan y corrompen a los jóvenes inocentes con sus palabras engañosas!

FILÓSOFO: ¿Quieres decir que Adler te tentó y te corrompió?

JOVEN: Ese es precisamente el motivo por el que he decidido visitarte una última vez, me quiero despedir de ti. No quiero crear más víctimas. Tengo que acabar contigo, filosóficamente hablando.

FILÓSOFO: Pues creo que será una noche muy larga.

JOVEN: Zanjemos el asunto hoy, antes de que amanezca. Una vez que hayamos terminado, no habrá necesidad de que vuelva a visitarte. ¿Subiré por la escalera del conocimiento? ¿O derribaré la tuya y abandonaré a Adler de una vez por todas? Será o una cosa o la otra. No puede haber un punto intermedio.

FILÓSOFO: De acuerdo. Es posible que este sea nuestro último diálogo… No, parece que tendrá que ser el último, pase lo que pase.

Parte I

ESA MALA PERSONA Y EL POBRE DE MÍ

El estudio del filósofo apenas había cambiado desde la última visita del joven, hacía ya tres años. Un manuscrito a medio escribir descansaba en un montón precario sobre el gastado escritorio. Encima, quizás para impedir que los papeles salieran volando con el viento, había una pluma antigua con incrustaciones de oro. Todo aquello le resultaba familiar al joven, casi como si fuera su propio despacho. Se fijó en varios libros que él también tenía, incluido uno que había leído justo la semana anterior. Recorrió con la mirada la estantería, que ocupaba toda una pared, y dejó escapar un suspiro. «No me conviene acomodarme demasiado. Tengo que seguir avanzando».

¿ES LA PSICOLOGÍA ADLERIANA UNA RELIGIÓN?

JOVEN: Si he decidido venir a visitarte otra vez, si he tomado la firme decisión de olvidarme de Adler, es porque lo he pasado muy mal. Esta cuestión me ha angustiado más de lo que puedas imaginar. Así de atractivas me resultaban las ideas de Adler. Sin embargo, lo cierto es que, por mucho que me atrajeran, me despertaron dudas desde el principio. Y esas dudas tienen que ver con la propia «psicología adleriana».

FILÓSOFO: Hum, ¿qué quieres decir con eso?

JOVEN: Tal y como indica el nombre de «psicología adleriana», las ideas de Adler se consideran una corriente psicológica. Y, hasta donde yo sé, la psicología es, básicamente, ciencia. Sin embargo, hay varios aspectos de las ideas de Adler que me parecen decididamente acientíficos. Por supuesto, como se trata de un área de estudio que aborda la psique, entiendo que no se pueda expresar completamente en términos matemáticos. Es normal. El problema es que Adler habla de las personas en términos de «ideales». Pronuncia los mismos sermones empalagosos que los cristianos cuando hablan del amor al prójimo. Lo que me lleva a mi primera pregunta: ¿crees que la psicología adleriana es «ciencia»?

FILÓSOFO: Si te refieres a la definición estricta de ciencia, es decir, a una ciencia que cumpla con la condición de falsabilidad, entonces no, no lo es. Adler afirmó que su psicología era una «ciencia», pero cuando empezó a hablar del concepto de «sentimiento de comunidad», muchos de sus colegas se distanciaron de él. Pensaban algo muy parecido a lo que piensas tú: «Eso no es ciencia».

JOVEN: Sí, esa es la respuesta natural de cualquiera que esté interesado en la psicología como ciencia.

FILÓSOFO: Es un debate que aún continúa, pero tanto el psicoanálisis de Freud como la psicología analítica de Jung o la psicología individual de Adler tienen aspectos que entran en conflicto con la definición de ciencia, porque no satisfacen la condición de la falsabilidad. Y eso es un hecho.

JOVEN: Ya veo. Hoy he traído una libreta y lo voy a poner por escrito. Dices que, estrictamente hablando... ¡no es ciencia! Pasemos a la siguiente pregunta: hace tres años te referiste a las ideas de Adler como «otra filosofía», ¿verdad?

FILÓSOFO: Sí, cierto. Creo que la psicología adleriana es una manera de pensar que sigue la misma línea que la psicología griega y que es, en sí misma, una filosofía. Pienso lo mismo acerca de Adler. Lo considero filósofo antes que psicólogo. Fue un filósofo que dio a su conocimiento un uso práctico en el contexto clínico. Así es como lo veo yo.

JOVEN: Muy bien, pues eso es precisamente a lo que me refiero. He reflexionado mucho acerca de las ideas de Adler y las he puesto en práctica, de verdad. No era en absoluto escéptico. Por el contrario, era como si esas ideas me hubieran llenado de una pasión febril, creía en ellas con todo mi corazón. Sin embargo, cada vez que intentaba ponerlas en práctica en el contexto educativo, me encontraba con una oposición abrumadora. Y no solo por parte del alumnado, sino también por parte de otros profesores. Claro que, si lo piensas, es lógico, porque estaba abordando la educación desde un sistema de valores completamente distinto al suyo e intentaba ponerlo en práctica por primera vez en ese contexto. Y luego me vinieron a la mente un grupo concreto de personas y comparé su experiencia con la mía. ¿Sabes de quién hablo?

FILÓSOFO: No, ¿de quién?

JOVEN: De los misioneros católicos que viajaron a tierras paganas durante la Era de los Descubrimientos.

FILÓSOFO: Ah.

JOVEN: África, Asia y las Américas. Esos misioneros católicos viajaron a territorios desconocidos donde el idioma, la cultura e incluso los dioses eran distintos, y los recorrieron para predicar las ideas en que creían. Como yo, que llegué a la secundaria decidido a defender las ideas de Adler. Aunque con mucha frecuencia conseguían difundir su fe, los misioneros también sufrieron opresión y, en ocasiones, los ejecutaban con métodos bárbaros. Cabe pensar que, de haber tenido el menor sentido común, se habrían dado media vuelta. Sin embargo, ¿cómo se explica entonces que tuvieran tanto éxito predicando acerca de un nuevo «dios» a los nativos de los lugares que visitaban? ¿Cómo consiguieron que los nativos abandonaran sus creencias? Tuvo que ser un trabajo muy duro. Anhelaba saber más, así que corrí a la biblioteca.

FILÓSOFO: Pero eso...

JOVEN: Un momento, que aún no he terminado. Mientras leía varios textos acerca de los misioneros en la Era de los Descubrimientos, se me ocurrió otra idea interesante. Si lo pensamos bien, ¿no es la filosofía de Adler una religión?

FILÓSOFO: Interesante...

JOVEN: Interesante y cierto, ¿verdad? Los ideales de los que habla Adler no son ciencia. Y al no ser ciencia, al final no es más que una cuestión de fe, de creer o no creer. Así que, de nuevo, no se trata más que de lo que uno siente. Es cierto que, desde nuestro punto de vista, las personas que no conocen a Adler pueden parecer una especie de salvajes primitivos que creen en falsos dioses. Nos sentimos en la obligación de enseñarles la «verdad» real y de salvarlos lo más rápido posible. Sin embargo, puede que, desde su punto de vista, los primitivos que adoran a falsos dioses seamos nosotros. Quizás seamos nosotros los que necesitamos salvación. ¿Estoy equivocado?

FILÓSOFO: No, creo que tienes razón.

JOVEN: Entonces, dime. ¿Qué diferencia hay entre la filosofía de Adler y la religión?

FILÓSOFO: La diferencia entre religión y filosofía... este es un tema importante. Si dejas a un lado la existencia de «dios» y piensas en ello mientras hablamos, te será más fácil entenderlo.

JOVEN: Ah, ¿qué quieres decir?

FILÓSOFO: La religión, la filosofía e incluso la ciencia comparten un mismo punto de partida. ¿De dónde venimos? ¿Dónde estamos? ¿Cómo deberíamos vivir? La religión, la filosofía y la ciencia parten de esas preguntas básicas. En la antigua Grecia no se diferenciaba entre la filosofía y la ciencia. La raíz latina de la palabra «ciencia» es *scientia*, que significa, sencillamente, «conocimiento».

JOVEN: De acuerdo, la ciencia era así en aquel entonces. Pero yo te he preguntado acerca de la filosofía y de la religión. ¿En qué se diferencian?

FILÓSOFO: Creo que quizás sería mejor empezar hablando de lo que tienen en común. A diferencia de la ciencia, que se limita a investigar datos objetivos, la filosofía y la religión abordan también los conceptos humanos de «verdad», «bien» y «belleza». Esto es importantísimo.

JOVEN: Sí, lo sé. La filosofía y la religión se adentran en la psique humana. Pero, entonces, ¿dónde están los límites entre ambas? ¿En qué se diferencian? ¿Se trata solo de la cuestión de si dios existe?

FILÓSOFO: No, la diferencia más importante es la presencia o ausencia de una «historia». La religión explica el mundo mediante historias. Podríamos decir que los dioses son los protagonistas de las grandes historias que las religiones usan para explicar el mundo. Por el contrario, la filosofía rechaza las historias. Intenta explicar el mundo mediante conceptos abstractos que no tienen protagonistas.

JOVEN: ¿La filosofía rechaza las historias?

FILÓSOFO: Piénsalo así: en nuestra búsqueda de la verdad, caminamos sobre una larga vara que se extiende hasta adentrarse en la oscuridad. Dudamos del sentido común, nos hacemos una pregunta detrás de otra y seguimos caminando sobre esa vara, sin la menor idea de hasta dónde llega. Y, entonces, entre la negrura, oímos una voz que nos dice: «Más adelante no hay nada. La verdad está aquí».

JOVEN: Eh...

FILÓSOFO: Algunas personas dejan de atender a su voz interior y se detienen. Se bajan de la vara. ¿Encuentran la verdad ahí? No lo sé. Quizás sí o quizás no. Pero dejar de avanzar y saltar de la vara a mitad de camino es lo que yo llamo «religión». Con la filosofía, uno sigue caminando hasta el infinito. Da igual que los dioses estén ahí o no.

JOVEN: Entonces, ¿la filosofía, ese caminar hacia la eternidad, no ofrece respuestas?

FILÓSOFO: En griego antiguo, *philosophia* significaba «amor por el conocimiento». En otras palabras, la filosofía es el «estudio del amor por el conocimiento», y los filósofos son «amantes del conocimiento». Por el contrario, podríamos decir que, si alguien se convirtiera en un «sabio» completo que supiera todo lo que hay que saber, dejaría de ser un amante del conocimiento (filósofo). En palabras de Kant, el gigante de la filosofía moderna, «no se puede aprender filosofía. Solo se puede aprender a filosofar».

JOVEN: ¿A filosofar?

FILÓSOFO: Sí, eso. La filosofía es más una actitud ante la vida que un campo de estudio. La religión lo puede transmitir todo bajo el nombre de un dios. Puede transmitir la existencia de un ser omnisciente y omnipotente y comunicar las enseñanzas ofrecidas por ese dios. Es una manera de pensar que entra en conflicto directo con la filosofía.

Y quien afirma saberlo todo o se detiene en el camino hacia el conocimiento y el pensamiento, independientemente de que crea o no en la existencia de dios o de que tenga fe o no, se adentra en la religión. Eso es lo que opino yo sobre el asunto.

JOVEN: Dicho de otro modo, desconoces la respuesta.

FILÓSOFO: Sí, la desconozco. En cuanto pensamos que conocemos un tema, queremos explorar más allá. Siempre pensaré en mí, en otras personas y en el mundo. Por lo tanto, «desconoceré» hasta la eternidad.

JOVEN: Ja, ja, ja. Esa respuesta también es filosófica.

FILÓSOFO: En sus diálogos con los sofistas, que se autocalificaban de sabios, Sócrates llegó a esta conclusión: «Solo sé que no sé nada». Sé que soy ignorante. Por el contrario, los sofistas, esos supuestos sabios, pretenden entenderlo todo y no saben nada de su propia ignorancia. En este sentido (el conocimiento de mi propia ignorancia), soy más sabio que ellos. Este es el contexto de la famosa frase de Sócrates.

JOVEN: Entonces, ¿qué me puedes enseñar tú, que no tienes respuestas y eres ignorante?

FILÓSOFO: No te enseñaré. Pensaremos y caminaremos juntos.

JOVEN: Ah, ¿hasta el final de la vara? ¿Sin bajarnos?

FILÓSOFO: Exacto. Sigue preguntando y sigue caminando, sin límites.

JOVEN: Estás muy seguro de ti mismo por mucho que digas que la sofistería no se sostiene. Muy bien. ¡Voy a sacudir la vara hasta hacerte caer!

EL OBJETIVO DE LA EDUCACIÓN ES LA AUTONOMÍA

FILÓSOFO: Muy bien. ¿Por dónde quieres empezar?

JOVEN: Mi problema más urgente es el de la educación, así que quiero exponer las contradicciones de Adler desde esa perspectiva. Porque muchas de las ideas de Adler son fundamentalmente incompatibles con la educación.

FILÓSOFO: Ya veo. Parece interesante.

JOVEN: La psicología adleriana plantea una manera de pensar que se llama «separación de tareas», ¿no? Aborda todo tipo de cuestiones y de eventos vitales desde el punto de vista de «¿de quién es esta tarea?» y separa entre las «tareas de uno» y las «tareas de los demás». Digamos que, por ejemplo, no le caigo bien a mi jefe. Como es normal, eso haría que me sintiera mal. Sería lógico hacer algún tipo de esfuerzo para caerle bien y obtener su aprobación.

Sin embargo, Adler afirma que eso es un error. El juicio que los demás (en este caso, mi jefe) emitan acerca de mi discurso, de mi conducta y de mí como persona es tarea de los demás (del jefe). Yo no lo puedo controlar. Por mucho que me esfuerce en caerle bien, es posible que le siga cayendo mal.

A este respecto, Adler dice que «no vivimos para satisfacer las expectativas de los demás» y también que «los demás no viven para satisfacer nuestras expectativas». No temas la mirada de los demás, no prestes atención a los juicios de la gente y no busques el reconocimiento externo. Limítate a elegir el camino que sea mejor para ti y en el que tú creas. Por otro lado, no intervengas en las tareas de los demás y no permitas que los demás intervengan en las tuyas. Este concepto ejerce un gran impacto sobre los recién llegados a la filosofía adleriana.

FILÓSOFO: Sí, cierto. «Separar las tareas» reduce drásticamente los problemas en las relaciones interpersonales.

JOVEN: También dijiste que es muy sencillo determinar a quién le corresponde cada tarea. Solo hay que preguntar: «¿Quién recibirá el resultado final como consecuencia de la decisión que se tome?». Lo estoy diciendo bien, ¿no?

FILÓSOFO: Sí, así es.

JOVEN: El ejemplo que usaste entonces fue el de un niño que ha de estudiar, pero que no lo hace. Los padres se preocupan por su futuro y le gritan que haga el favor de coger los libros. Sin embargo, ¿quién va a recibir el resultado final si no estudia? Es decir, ¿quién no podrá entrar en la universidad que prefiera y quién tendrá más dificultades para encontrar trabajo? Lo miremos como lo miremos, es el niño, no los padres. Dicho de otro modo, estudiar es una tarea del niño y los padres no deberían interferir. ¿Voy bien?

FILÓSOFO: Sí, muy bien.

JOVEN: Bueno, pues aquí es donde me surge una duda de peso. Estudiar es tarea del niño. No hay que interferir en las tareas del niño. Pero, entonces, ¿a qué llamamos «educación»? ¿En qué consiste nuestro trabajo como educadores? Porque si seguimos tu línea de razonamiento, los educadores que empujamos a los niños a estudiar no somos más que una pandilla de abusivos que nos metemos donde no nos llaman. ¿Qué me respondes a eso?

FILÓSOFO: Bueno, sí, lo cierto es que esta es una de las preguntas que surgen con más frecuencia cuando hablo con educadores. Estudiar es, sin duda, una tarea que compete al niño. Nadie puede intervenir, ni siquiera los padres. Si entendemos la «separación de tareas» de Adler de un modo unidimensional, todas las formas de educación se convierten en injerencias en las tareas de otros y, por lo tanto, en una conducta reprensible. Sin embargo, en la época de Adler no había un psicólogo más preocupado por la educación que él. Para Adler, la educación era mucho más que una tarea fundamental. Era la mayor esperanza de todas.

JOVEN: ¿Podrías ser más concreto?

FILÓSOFO: Por ejemplo, en la psicología adleriana, la psicoterapia no se concibe como un «tratamiento», sino como un espacio para la «reeducación».

JOVEN: ¿Reeducación?

FILÓSOFO: Sí. La psicoterapia y la educación durante la infancia son, básicamente, lo mismo. El terapeuta es un educador y el educador es un terapeuta. Está bien verlo así.

JOVEN: Ja, ja. No lo sabía, me acabo de enterar de que soy terapeuta. ¿Qué se supone que significa eso?

FILÓSOFO: Es un tema importante y espero poder esclarecerlo a lo largo de la conversación. En primer lugar, ¿cuál es el objetivo de la educación, tanto en casa como en la escuela? ¿Qué opinas tú al respecto?

JOVEN: No es algo que pueda explicar con pocas palabras. Cultivar el conocimiento mediante el estudio, adquirir habilidades sociales, desarrollar a seres humanos que respeten la justicia y que estén equilibrados en cuerpo y mente...

FILÓSOFO: Sí. Todo eso es muy importante, pero pensemos en un enfoque más general. ¿En qué queremos que se conviertan los niños como resultado de la educación que les proporcionamos?

JOVEN: ¿En adultos independientes?

FILÓSOFO: Exacto. El objetivo de la educación es, en una palabra, la «autonomía».

JOVEN: Autonomía... Bueno, sí, supongo que se puede decir así.

FILÓSOFO: La psicología adleriana considera que todas las personas son seres que viven sus vidas con el deseo de escapar de la indefensión y mejorar. Es decir, que tienen un «afán de superioridad». El bebé gatea y aprende a alzarse sobre los pies, adquiere el lenguaje y desarrolla la capacidad de comunicarse con quienes le rodean. En otras palabras, todas las personas buscan la «libertad» y la «autonomía» desde unas condiciones iniciales de indefensión y de falta de libertad. Esos son los dos deseos fundamentales.

JOVEN: Entonces, ¿la educación promueve la autonomía?

FILÓSOFO: Exacto. Y para que los niños puedan crecer y desarrollar autonomía social han de adquirir toda una serie de cosas. Necesitan las habilidades sociales y el sentido de justicia que has mencionado, y probablemente también necesiten conocimientos y otras cosas. Y, por supuesto, necesitan que otras personas les enseñen lo que no saben. Las personas a su alrededor deben ayudarles. La educación no consiste en intervenir, sino en ayudar a alcanzar la autonomía.

JOVEN: ¡Me parece que estás intentando reformular las cosas a la desesperada!

FILÓSOFO: Por ejemplo, ¿qué sucedería si nos lanzaran a la sociedad sin conocer las normas de tráfico? ¿Sin entender qué significan la luz roja y la luz verde? ¿O si nos pusieran al volante de un automóvil cuando aún no sabemos conducir? Por supuesto, hay normas que aprender y habilidades que adquirir. Es una cuestión de vida o muerte, y no solo para nosotros, sino también para quienes nos rodean. También podríamos darle la vuelta y afirmar que, si fuéramos la última persona sobre la faz de la Tierra y no hubiera nadie más vivo, no haría falta que supiéramos nada y la educación tampoco sería necesaria. No necesitaríamos el conocimiento.

JOVEN: Entonces, si hay conocimiento que ha de ser estudiado, ¿es porque hay otras personas y porque vivimos en sociedad?

FILÓSOFO: ¡Sí! En este caso, «conocimiento» no se refiere únicamente a los estudios académicos, sino que también incluye el conocimiento que las personas necesitan para ser felices. Resumiendo: saber cómo hemos de vivir en comunidad. Cómo nos debemos relacionar con los demás. Cómo podemos encontrar el lugar que nos corresponde en la comunidad. Conocerse a uno mismo y conocer a los demás. Conocer la verdadera naturaleza de las personas y entender cómo deberíamos vivir las personas. Adler se refería a este conocimiento como «conocimiento humano».

JOVEN: ¿Conocimiento humano? Es la primera vez que lo oigo.

FILÓSOFO: Sí, ya me lo imagino. Este conocimiento humano no es el tipo de conocimiento que se aprende de los libros, sino algo que solo se puede aprender a partir de las relaciones con otras personas. En ese sentido, podríamos decir que la escuela, donde estamos rodeados de muchas personas, es un espacio de educación más relevante que el hogar.

JOVEN: Entonces, la clave de la educación es eso a lo que llamas conocimiento humano, ¿sí?

FILÓSOFO: Sí. Y lo mismo sucede con la psicoterapia. El terapeuta ayuda al cliente a adquirir autonomía. Y juntos reflexionan acerca del conocimiento humano que el cliente necesita para adquirirla. ¿Recuerdas los objetivos de la psicología adleriana de los que hablamos la última vez? ¿Los objetivos conductuales y los objetivos psicológicos?

JOVEN: Sí, los recuerdo. Hay dos objetivos conductuales:

1. Ser autónomo.
2. Vivir en armonía con la sociedad.

Y hay dos objetivos psicológicos que sustentan esas conductas:

1. La conciencia de «ser capaz».
2. La conciencia de que «los demás son mis camaradas».

Entonces, en resumidas cuentas, crees que estos cuatro objetivos son valiosos no solo en la psicoterapia, sino también en los entornos educativos.

FILÓSOFO: Y son igualmente valiosos para los adultos, que sufrimos por la sensación general de lo dura que es la vida. Hay muchísimos adultos que sufren en situaciones sociales y que no pueden alcanzar esos objetivos.

Si nos olvidamos del objetivo de la autonomía, ya seamos

educadores, psicoterapeutas o *coaches* profesionales, no tardaremos mucho en empezar a forzar las cosas.

Tenemos que ser conscientes del papel que desempeñamos, ser conscientes de si caemos en la trampa de hacer de la educación una especie de «intervención» obligatoria o si, por el contrario, nos limitamos a ofrecer una «asistencia» que estimula la autonomía. Todo dependerá de cómo lo aborde la persona encargada de la educación, de la psicoterapia o del *coaching*.

JOVEN: Sí, eso parece. Lo entiendo y, ciertamente, estoy de acuerdo con esos ideales elevados. De verdad que lo estoy. Sin embargo, ya has probado antes ese truco conmigo y ahora no te va a funcionar. Hablemos de lo que hablemos, siempre deviene en un idealismo abstracto. Al final, yo acabo escuchando esas palabras grandilocuentes que me hacen sentir bien y me convencen de que lo entiendo.

Sin embargo, mis problemas no son en absoluto abstractos, sino muy concretos. En lugar de todas esas teorías vacías, ¿por qué no hablamos desde una teoría práctica, con los pies en el suelo? En concreto, ¿qué medidas puedo tomar en tanto que educador? ¿Cuál es ese primer paso específico, el más importante? Has evitado responder a esta pregunta desde el principio, ¿verdad? Me hablas de cuestiones que están muy muy lejanas. Es como si siempre estuvieras por ahí, lejos, en un paisaje lejano y haciendo todo lo posible para no mirar el barro que hay a tus pies.

Tres años antes, el joven había quedado asombrado y lleno de dudas al oír al filósofo hablar de las ideas de Adler. De hecho, se había opuesto a ellas con la pasión más encendida. Pero ahora todo era distinto. Contaba con un conocimiento suficiente de la estructura de la psicología adleriana y, además, había adquirido experiencia real en la sociedad. Incluso cabría decir que, como había acumulado experiencia práctica en su trabajo, ahora era él quien sabía más. Esta vez, el joven tenía un plan claro. Se centraría en

lo concreto, no en lo abstracto. Se centraría en la práctica, no en la teoría. Y se centraría en la realidad, no en ideales. Eso era lo que quería saber y era en ese terreno, precisamente, donde Adler hacía aguas.

EL RESPETO CONSISTE EN VER AL OTRO TAL CUAL ES

FILÓSOFO: Muy bien, seamos concretos. ¿Por dónde quieres empezar? ¿Cuál es la puerta de entrada cuando la educación, el *coaching* y la terapia adoptan la autonomía como objetivo? Es verdad que esto puede ser fuente de preocupación, pero también hay directrices claras al respecto.

JOVEN: Soy todo oídos.

FILÓSOFO: Solo hay una respuesta: «respeto».

JOVEN: ¿Respeto?

FILÓSOFO: Sí, no hay otra puerta de entrada posible cuando hablamos de educación.

JOVEN: ¡Otra respuesta sorprendente! Dicho de otro modo, ¿quieres decir que debemos respetar a los padres y madres, a los maestros y profesores, y a los jefes?

FILÓSOFO: No. Por ejemplo, en clase, en primer lugar eres tú quien ha de respetar a los niños. Todo empieza ahí.

JOVEN: ¿Yo? ¿Respetar a esos mocosos, que son incapaces de permanecer quietos y escuchar a nadie durante ni siquiera cinco minutos?

FILÓSOFO: Sí. También podría tratarse de la relación entre padre/madre e hijo, o en una organización empresarial, da lo mismo. Cuando se trata de relaciones interpersonales, es siempre lo mismo. Al principio, el padre o la madre respeta al hijo y el jefe respeta a los subordinados. Por su rol, la persona que está en el «lado del enseñante» respeta a la que está en el «lado del enseñado». Sin respeto es imposible desarrollar una relación interpersonal positiva y, sin una relación interpersonal positiva, nuestras palabras no llegan a nadie.

JOVEN: Entonces, ¿tengo que respetar a todos y cada uno de esos niños problemáticos?

FILÓSOFO: Sí. Porque el «respeto a las personas» es la raíz de todo. El respeto no se limita a personas específicas, sino que abarca a personas de todo tipo: familiares, amigos, desconocidos con los que nos cruzamos por la calle, e incluso gente de otros países a la que no conoceremos nunca.

JOVEN: ¡Vaya! ¡Otro sermón sobre moralidad! O sobre religión. Bueno, la verdad es que te tengo que decir que me acabas de ofrecer una buena oportunidad. Es cierto que los programas educativos en la escuela incluyen la ética. Es cierto que está ahí, y no me importa admitir que muchas personas creen en esos valores.

Pero piensa una cosa. ¿Por qué es siquiera necesario hablar a los niños acerca de la moralidad, de la ética? ¿Acaso son inmorales por naturaleza, como todos los seres humanos? En cualquier caso, ¿qué significa eso de «respetar a las personas»? Mira, tanto tú como yo, si ahondamos en lo más profundo de nuestras almas, nos encontraremos con el hedor apestoso y repulsivo de la inmoralidad.

Predicas acerca de la moralidad a personas inmorales. Yo busco la moralidad. Y eso exige intervenir poco menos que por la fuerza. Todo lo que dices está lleno de contradicciones. Lo diré de nuevo: tu idealismo no ejercería el menor efecto en una situación real. Además, ¿cómo esperas que respete a esos niños problemáticos?

FILÓSOFO: Para empezar te repetiré que no predico moralidad. Y, luego, insistiré en que tengo que conseguir que, especialmente las personas como tú, conozcan y practiquen el respeto.

JOVEN: ¡Ya basta! No quiero oír más teorías rancias y vacías que apestan a religión. Quiero que me des ejemplos concretos que pueda aplicar mañana mismo.

FILÓSOFO: ¿Qué es el respeto? Mira, aquí tienes una definición: «El respeto denota la capacidad de ver a una persona tal cual es, de tener conciencia de su individualidad única». Son palabras del psicólogo social Erich Fromm, que se trasladó de Alemania a Estados Unidos para escapar de la persecución nazi en la misma época que Adler.

JOVEN: ¿La capacidad de tener conciencia de su individualidad única?

FILÓSOFO: Sí, vemos a esa persona, que es irreemplazable y absolutamente única en el mundo, tal y como es. Además, Fromm añade que «respetar significa ocuparse de que la otra persona crezca y se desarrolle tal como es».

JOVEN: No lo entiendo.

FILÓSOFO: No intentar cambiar ni manipular a la persona que tenemos delante. Aceptar que esa persona es como es, sin imponerle condiciones. No hay mayor demostración de respeto que esa. Cuando nos sentimos aceptados por el otro «tal cual somos», lo más probable es que nos sintamos mucho más valientes. Por otro lado, podemos entender el respeto como el punto de partida del aliento.

JOVEN: ¡Ni hablar! Ese no es el respeto que conozco. El respeto es una emoción semejante al anhelo, como si implorásemos al otro que esté a la altura.

FILÓSOFO: No, eso no es respeto. Eso es miedo, subordinación y fe. Es un estado en el que uno teme al poder y a la autoridad y adora a imágenes falsas sin ver nada de la otra persona.

En latín, *respicio*, que es la raíz de «respeto», tiene la connotación de «ver». En primer lugar, hay que ver a la persona tal y como es. Tú aún no has visto nada, y tampoco has intentado verlo. Valora a la persona por ser quien es, sin imponerle tu propio sistema de valores. Y luego ayúdala a crecer y a prosperar. En eso consiste precisamente el respeto. Intentar manipular o corregir a otra persona no es en absoluto una muestra de respeto.

JOVEN: Entonces, si acepto a esos niños problemáticos tal y como son, ¿cambiarán en algo?

FILÓSOFO: Eso es algo que escapa a tu control. Quizás cambien o quizás no. Pero, como resultado de tu respeto, cada uno de tus alumnos se aceptará a sí mismo tal y como es y recuperará el valor que necesita para desarrollar la autonomía. De eso no cabe duda. Lo que hagan tus alumnos con el valor recuperado dependerá de ellos.

JOVEN: Entonces, en eso consiste la separación de tareas, ¿no?

FILÓSOFO: Exactamente. Puedes llevarlos al agua, pero no los puedes obligar a beber. Por excelente que seas como educador, no hay ninguna garantía de que vayan a cambiar. Pero es precisamente por eso, porque no hay garantía, que hay que demostrar un respeto incondicional. Primero hay que empezar. Sin condiciones. Independientemente de cuáles sean los resultados que anticipes, eres tú quien ha de dar el primer paso.

JOVEN: Pero así nunca cambiará nada.

FILÓSOFO: En este mundo, y por poderoso que uno sea, hay dos cosas que no se pueden forzar.

JOVEN: ¿Cuáles?

FILÓSOFO: El respeto y el amor. Por ejemplo, imaginemos que el director de una empresa es un déspota autoritario. Con toda seguridad, los empleados cumplirán sus órdenes, y es muy probable que se muestren obedientes. Sin embargo, esa sumisión se basa en el miedo, no tiene nada que ver con el respeto. Por mucho que el jefe grite «¡respétame!», ninguno lo hará. Interiormente, se irán distanciando cada vez más de él.

JOVEN: Sí, seguro.

FILÓSOFO: Además, si no existe respeto mutuo, tampoco se pueden forjar relaciones de humano a humano. Una organización como esa no es más que un grupo de personas que funcionan como tornillos, tuercas y engranajes. Puede llevar a cabo trabajo mecánico, pero no habrá nadie que desempeñe las labores humanas.

JOVEN: Mira, no hace falta que le des tantas vueltas. Básicamente, lo que me estás diciendo es que mis alumnos no me respetan y que por eso se me ha descontrolado tanto el aula.

FILÓSOFO: Si hay miedo, aunque sea durante un espacio de tiempo brevísimo, es muy poco probable que haya respeto.

Y entonces es lógico que el aula se descontrole. Te quedaste al margen, sin actuar, mientras se desarrollaban y ahora recurres a medidas autoritarias. Usas el poder y el miedo para intentar que hagan lo que les pides. Es posible que te resulte efectivo durante un tiempo. Quizás, ahora incluso te sientes aliviado porque parece que te escuchan de verdad. Sin embargo…

JOVEN: No oyen ni una sola palabra de lo que les digo.

FILÓSOFO: Exacto. Los niños no te obedecen, solo se someten a tu autoridad. No tienen el menor interés en entender lo que les dices. Se tapan las orejas, cierran los ojos y esperan a que amaine la tormenta de tu ira.

JOVEN: Ja, ja. Creo que has dado en el clavo.

FILÓSOFO: Has caído en este círculo vicioso porque no diste ese primer paso de respetar a tus alumnos, de ofrecerles un respeto incondicional.

JOVEN: Entonces, si no di ese primer paso, ¿ahora no puedo hacer nada para llegar a ellos?

FILÓSOFO: Exacto. Has estado gritando a un aula vacía. Es imposible que te oigan.

JOVEN: De acuerdo, lo entiendo. Aún te quiero rebatir muchas cosas, pero de momento aceptaré lo que acabas de decir. Ahora imaginemos que tienes razón, que el respeto son los cimientos sobre los que se construyen las relaciones personales. ¿Cómo demostramos ese respeto? No me estarás diciendo que basta con sonreír con amabilidad y anunciar: «Eh, los respeto», ¿verdad?

FILÓSOFO: El respeto no se expresa con palabras. Los niños detectan rápidamente la mentira o la intención escondida siempre que un adulto intenta engatusarlos de esa manera. Y el respeto pasa a ser imposible en cuanto piensan: «Esta persona me está mintiendo».

JOVEN: Vale, sí. Has vuelto a dar en el clavo. Pero, entonces, ¿qué me sugieres que haga? Porque, por si no te has dado cuenta, hablas del respeto de una manera muy contradictoria.

FILÓSOFO: ¿Contradictoria? ¿En qué sentido?

El «respeto» es el primer paso, decía el filósofo. Y el respeto no constituye únicamente los cimientos de la educación, sino también de todas las relaciones interpersonales. La verdad es que no solemos prestar mucha atención a las palabras de las personas a quienes no respetamos. El joven estaba de acuerdo con algunas de las afirmaciones del filósofo. Sin embargo, eso de que había que respetar a todos los demás, de que incluso los niños problemáticos de su aula o los villanos que azotan a la sociedad merecían respeto... se oponía a ello vehementemente. «Acaba de cavar su propia tumba —pensó—. Ha planteado una contradicción que no se puede pasar por alto. Así que, al final, resultará que esta es una de mis tareas. Tengo que devolver a este Sócrates a su cueva». El joven se humedeció lentamente los labios con la lengua y prosiguió, a toda velocidad.

INTERÉSATE POR LO QUE LE INTERESA AL OTRO

JOVEN: ¿Acaso no lo ves? Antes has dicho que es imposible forzar el respeto. Y sí, seguramente tengas razón. Puedo aceptarlo sin problemas. Sin embargo, acto seguido has dicho que tengo que respetar a todos mis alumnos. Me parece hasta divertido: me intentas obligar a que haga algo que, aparentemente, no se puede forzar. Si eso no es una contradicción, ya me dirás qué es.

FILÓSOFO: Sí, es cierto que, dichas así, fuera de contexto, esas afirmaciones pueden parecer contradictorias. Pero, mira: el respeto es una pelota que solo puedes recibir de la persona a quien se la has pasado con anterioridad. Es como lanzar una pelota contra una pared. Si la lanzas, es muy posible que vuelva a ti. Pero si te limitas a plantarte frente a la pared y a gritar «¡dame la pelota!», es muy poco probable que suceda nada.

JOVEN: No, ni hablar. No pienso permitir que te valgas de metáforas a medio gas. Dame una respuesta de verdad. Si yo soy quien lanza la pelota del respeto, ¿quién me la ha pasado a mí? ¡No se puede haber materializado de la nada!

FILÓSOFO: Sí, lo cierto es que este es un tema muy importante a la hora de entender y practicar la psicología adleriana. ¿Recuerdas la expresión «sentimiento de comunidad»?

JOVEN: Sí, por supuesto. Aunque no puedo decir que la entienda del todo.

FILÓSOFO: Es que es un concepto bastante difícil. Ahondaremos en él más adelante. De momento, me gustaría recordarte el uso que Adler hizo del término «interés social» cuando tradujo del alemán la expresión «sensación de comunidad». Este «interés social» alude a nuestro interés por la sociedad o, en otras palabras, a nuestro interés por las personas que componen la sociedad.

JOVEN: Entonces, ¿era distinto en alemán?

FILÓSOFO: Sí. El término alemán es *Gemeinschaftsgefühl*, que combina *Gemeinschaft*, que significa «relaciones sociales» o «comunidad» y *Gefühl* («sensación» o «emoción») y que yo traduzco como «sentimiento de comunidad». Si quisiéramos ser más fieles al original alemán, podríamos llamarlo «sensación de comunidad» o «sentido de comunidad».

JOVEN: Bueno, no es que este debate académico me interese mucho, pero ¿adónde quieres llegar?

FILÓSOFO: Párate a pensarlo. ¿Por qué cuando Adler introdujo la idea de «sentimiento de comunidad» en el mundo anglosajón, optó por «interés social» en vez de «sentimiento social», que se aproxima más al alemán? Hay un importante motivo oculto.

¿Recuerdas que he mencionado que muchos de los colegas de Adler se alejaron de él cuando presentó el concepto de «sentimiento de comunidad» durante su periodo en Viena? Fue objeto de oposición y ostracismo por parte de quienes decían que aquello no era ciencia y que había introducido el problema del «valor» en un campo, el de la psicología, que por lo demás era científico.

JOVEN: Sí, lo recuerdo.

FILÓSOFO: Creo que es muy probable que esa experiencia enseñara a Adler lo difícil que era conseguir que la gente entendiera la «emoción social». Así, cuando tuvo que introducir el concepto en el mundo anglófono, sustituyó esa «emoción social» por directrices conductuales basadas en la práctica real. Sustituyó la idea abstracta por algo concreto. Y esas directrices conductuales concretas se pueden resumir con las palabras «preocupación por los demás».

JOVEN: ¿Directrices conductuales?

FILÓSOFO: Sí. Dejar ir el apego a uno mismo y preocuparse por los demás. Si avanzamos siguiendo esas directrices, llegamos irremediablemente al «sentimiento de comunidad».

JOVEN: ¡Me he perdido completamente! Ya me has vuelto a enredar en un argumento abstracto. ¿Cómo va a haber «directrices conductuales» para preocuparse por los demás? Concreta: ¿Qué deberíamos hacer y cómo deberíamos hacerlo?

FILÓSOFO: Aquí nos iría bien retomar la cita de Erich Fromm: «Respetar significa ocuparse de que la otra persona crezca y se desarrolle tal como es». Sin negar ni forzar nada, aceptamos y apreciamos a la persona tal y como es. En otras palabras, protegemos y nos interesamos por la dignidad del otro. ¿Ves dónde está ese primer paso concreto por el que preguntas?

JOVEN: Pues no. ¿Dónde está?

FILÓSOFO: Es una conclusión bastante lógica. Está en interesarse por lo que interesa a los demás.

JOVEN: ¿Lo que interesa a los demás?

FILÓSOFO: Sí. Por ejemplo, sabemos que los niños juegan de un modo que escapa por completo a nuestra comprensión. Se quedan absortos con los juguetes más simples e insustanciales. A veces leen libros que van en contra del orden público y de la moralidad y se enganchan a los videojuegos. Sabes a qué me refiero, ¿no?

JOVEN: Sí, lo veo casi a diario.

FILÓSOFO: Hay muchos progenitores y educadores que lo desaprueban e intentan darles cosas más «útiles» o «prácticas». Les aconsejan en contra de esas actividades, les confiscan libros y juguetes, y solo les permiten jugar con lo que consideran que es valioso.

Por supuesto, el padre o la madre lo hace «por el bien del niño». Pero aun así se trata de una absoluta falta de respeto que solo consigue aumentar la distancia entre los progenitores y el hijo. Porque niega los intereses naturales del niño.

JOVEN: Vale, ya entiendo. ¿Ahora resulta que tengo que recomendar formas vulgares de pasar el tiempo?

FILÓSOFO: Nadie ha de recomendar nada desde su propia

postura. Lo único que hay que hacer es interesarse por lo que le interesa al niño. Para empezar, intenta entender por qué sus pasatiempos son vulgares desde tu punto de vista y qué son en realidad. Luego pruébalos tú, e incluso jueguen juntos en alguna ocasión. En lugar de limitarte a jugar, intenta disfrutar de la actividad. Así, es posible que el niño sienta por fin que se le reconoce tal y como es. Que no se le trata como a un niño, sino que se le está demostrando respeto en tanto que ser humano.

JOVEN: Pero eso es...

FILÓSOFO: Y no creas que esto solo es aplicable a los niños. Es el primer paso concreto que habría que dar en todas las relaciones interpersonales. Tanto si son relaciones interpersonales en el lugar de trabajo como relaciones de pareja o relaciones internacionales. Lo que sea. Nos tenemos que interesar más por lo que interesa a los demás.

JOVEN: Pero ¡eso es imposible! Quizás no lo sepas, pero algunas de las cosas que interesan a esos niños son demasiado depravadas. Son indecentes, grotescas y ofensivas. ¿Acaso no nos corresponde a nosotros, en tanto que adultos, mostrarles el buen camino?

FILÓSOFO: No, no nos corresponde a nosotros. Adler solía decir lo siguiente cuando hablaba del «sentimiento de comunidad»: lo que necesitamos es «mirar con los ojos del otro, escuchar con los oídos del otro y sentir con el corazón del otro».

JOVEN: ¿Cómo?

FILÓSOFO: Ahora miras con tus ojos, escuchas con tus oídos y sientes con tu corazón. Por eso describes los intereses de tus alumnos como «depravados» y «ofensivos». A los niños no les parecen ofensivos. ¿Qué ven ellos, entonces? Hay que empezar por entender eso.

JOVEN: ¡Pues no puedo! ¡Me supera!

FILÓSOFO: ¿Por qué?

SI TUVIÉRAMOS EL MISMO CORAZÓN Y LA MISMA VIDA

JOVEN: Quizás lo hayas olvidado, pero yo lo recuerdo muy bien. Hace tres años, me dijiste más o menos que no vivimos en un mundo objetivo, sino en un mundo subjetivo al que le hemos dado sentido. Y que, por lo tanto, no deberíamos centrarnos en cómo es el mundo, sino en cómo lo vemos nosotros. También dijiste que no podemos escapar a nuestra subjetividad.

FILÓSOFO: Sí, es cierto.

JOVEN: Entonces, ahora explícame cómo quieres que miremos con los ojos del otro, escuchemos con los oídos del otro o sintamos con el corazón del otro si no podemos escapar a nuestra propia subjetividad. ¡Deja de jugar con las palabras de una vez!

FILÓSOFO: Hemos llegado a un punto crucial. Es cierto que no podemos escapar de la subjetividad. Y, por supuesto, tampoco podemos transformarnos en otra persona. Sin embargo, lo que sí podemos hacer es imaginar qué ven los ojos del otro y qué oyen los oídos del otro.

Adler nos propone que pensemos primero: «¿Y si tuviera el mismo corazón y la misma vida que esa persona?». Si lo hacemos, deberíamos poder entender que «probablemente, me enfrentaría a tareas muy parecidas a las de esa persona». Y a partir de ese momento, podríamos ir más allá e imaginar que «probablemente, las gestionaría de un modo muy parecido».

JOVEN: ¿El mismo corazón y la misma vida?

FILÓSOFO: Sí, por ejemplo, imagina que tienes un alumno que no se esfuerza lo más mínimo por estudiar. Abordarlo directamente con un «¿se puede saber por qué no estudias?» es una falta de respeto. Por el contrario, podrías empezar pensando: «¿Y si tuviera el mismo corazón que él? ¿Y si viviera la misma vida que vive él?». Es decir, podrías pensar cómo sería tener la edad que tiene el alumno, vivir en su hogar y tener los mismos amigos, intereses y preocupaciones. Así, podrías imaginar qué actitud adoptarías ante los estudios o qué te llevaría a negarte a estudiar. ¿Sabes cómo se llama esta actitud?

JOVEN: ¿Imaginación?

FILÓSOFO: No. Esto es lo que conocemos como «empatía».

JOVEN: ¿Empatía? ¿Así es como llamas a pensar en cómo sería tener el mismo corazón y la misma vida que otro?

FILÓSOFO: Sí. Eso que la gente suele entender como empatía, es decir, estar de acuerdo con la opinión del otro y sentir lo mismo que él o ella, es, en realidad, simpatía. No es empatía. La empatía es una habilidad, una actitud que adoptamos cuando decidimos caminar junto al otro.

JOVEN: ¡Una habilidad! ¿La empatía es una habilidad?

FILÓSOFO: Sí, lo es. Y como es una habilidad, tú también puedes adquirirla.

JOVEN: ¡Pues vaya! ¡Qué interesante! Bueno, vale. Pues explícame la habilidad de la empatía. ¿Cómo podemos conocer «el corazón y la vida», o como lo quieras llamar, del otro? ¿Tenemos que hacer de psicólogos de los demás, uno a uno? ¡Es imposible saber todo eso!

FILÓSOFO: Ese es precisamente el motivo por el que nos interesamos por lo que interesa a los demás. No nos podemos limitar a observar desde la distancia. Nos tenemos que sumergir en la experiencia del otro. Ahora estás en un podio, sin sumergirte nunca y profiriendo afirmaciones como «esto es imposible» o «mira este obstáculo». No hay ni respeto ni empatía.

JOVEN: ¡No! ¡Te equivocas! ¡Estas completamente equivocado!

FILÓSOFO: ¿En qué me equivoco?

LA VALENTÍA SE CONTAGIA Y EL RESPETO TAMBIÉN

JOVEN: Mira, tienes razón en que probablemente les caería mejor a mis alumnos si empezara a correr detrás de una pelota junto a ellos. Les causaría buena impresión y se sentirían más próximos a mí. Sin embargo, si bajo al nivel de hacerme amigo de esos niños, educarlos será mucho más difícil.

Me apena decirlo, pero no son precisamente unos angelitos. Son diablillos y, en cuanto me despisto lo más mínimo, se aprovechan de mí, se me suben a las barbas y se descontrolan del todo. ¡Estás sumido en una fantasía poblada de ángeles que no existen en este mundo!

FILÓSOFO: He criado a dos hijos. Y son muchos los jóvenes que acuden a este estudio en busca de consejo porque no pudieron adaptarse al contexto escolar. Tienes toda la razón. Los niños no son angelitos. Son seres humanos.

Sin embargo, y precisamente porque son seres humanos, debemos tratarlos con el máximo respeto. No los podemos mirar desde arriba, y tampoco desde abajo ni halagarlos innecesariamente. Nos debemos relacionar con ellos en tanto que iguales, desde la empatía por lo que les interesa y les preocupa.

JOVEN: Lo siento, pero esa manera de entender el respeto no me encaja. Básicamente, vienes a decir que respetarlos es darles un masajito de ego, ¿no? Eso es precisamente lo que hace que cada vez vayan a peor.

FILÓSOFO: Me parece que solo has entendido la mitad de

lo que he dicho. No estoy defendiendo un respeto unidireccional, de ti hacia ellos. No, lo que quiero es que enseñes a tus alumnos qué es el respeto.

JOVEN: ¿Enseñarles qué es el respeto?

FILÓSOFO: Sí, exacto. Enséñales qué significa respetar a los demás con tu propio ejemplo. Muéstrales cómo construir el respeto que es la piedra angular de las relaciones interpersonales y haz que se den cuenta de cómo puede ser una relación basada en el respeto. Tal y como nos dice Adler, «la cobardía es contagiosa y la valentía, también». Por supuesto, el respeto también es contagioso.

JOVEN: ¿La valentía y el respeto son contagiosos?

FILÓSOFO: Sí, lo son. Y todo empieza contigo. Has de ser el primero en alzar la antorcha y en demostrar valentía y respeto, aunque nadie te entienda ni te apoye. Al comienzo, la llama solo iluminará un par de metros a tu alrededor, y eso ya será mucho. Te parecerá que estás en un camino solitario, sin nadie a tu lado. Sin embargo, la luz que portas llegará a los ojos de alguien a lo lejos, a cientos de metros de distancia. Sabrá entonces que hay alguien allí, que allí hay una luz, que hay un camino, si decide acercarse. Al final, docenas y luego centenares de antorchas se habrán reunido a tu alrededor. Te bañarás en la luz de docenas, de centenares de camaradas.

JOVEN: Vaya alegoría te acabas de sacar de la manga. Imagino que intentas decir que la función de los educadores consiste en respetar a los niños, en enseñarles qué es el respeto y en hacer que lo aprendan. ¿Lo he entendido bien?

FILÓSOFO: Sí. Ese es el primer paso. Y no solo en la educación, sino en las relaciones interpersonales de todo tipo.

JOVEN: No, ni hablar. Me da igual cuántos hijos tengas o a cuántas personas orientes aquí, porque eres un filósofo y no sales de tu estudio. No tienes ni idea de cómo funcionan la sociedad o la escuela en el mundo real, en el mundo moderno.

Mira, lo que la gente quiere de la educación en la escuela y lo que la gente quiere en la sociedad capitalista no es todo este rollo de la fortaleza de carácter, o de un misterioso «conocimiento humano», o como se llame. Los padres y las madres, los tutores y la sociedad quieren resultados reales. Y en lo que respecta a la educación, lo que quieren es una mejora académica.

FILÓSOFO: Sí, supongo que sí.

JOVEN: Por muy bien que caigan a sus alumnos, los educadores que no impulsan el logro académico acaban siendo descalificados como maestros. Es como si llevaran un changarro montado entre colegas que no hace más que perder dinero. Por el contrario, el educador que contribuye a la mejora académica solo recibe halagos, aunque tenga sometidos a todos sus alumnos.

De todos modos, aún no hemos tocado la cuestión principal. Incluso los alumnos que reciben una reprimenda detrás de otra te dicen después: «Gracias por haber sido tan duro conmigo», y transmiten su gratitud. Se dan cuenta de que sacaron adelante sus estudios gracias a ese trato estricto y de que mi rigor era, en realidad, un «látigo afectuoso», por decirlo de algún modo. ¡Si hasta me dan las gracias! ¿Cómo explicas esta realidad?

FILÓSOFO: No me cabe duda de que es muy posible que sucedan historias de este tipo. De hecho, quizás podríamos considerarlas un ejemplo de caso perfecto de las teorías de reaprendizaje que postula la psicología adleriana.

JOVEN: Ah, ¿así que ahora dices que tiene explicación?

FILÓSOFO: Retomemos la conversación que mantuvimos hace tres años y ahondemos ligeramente en la psicología adleriana. Hay mucho que descubrir.

«Sentimiento de comunidad» es uno de los conceptos clave de la psicología adleriana y el más difícil de entender. El filósofo habla de «mirar con los ojos del otro, escuchar con los oídos del otro y sentir con el corazón del otro». Y, para eso, hay que contar con la habilidad de la empatía, cuyo primer paso consiste en interesarse por lo que interesa al otro. En teoría, parece lógico. Pero ¿consiste el trabajo del

educador en convertirse en alguien que entiende de verdad a los niños? ¿O acaso el filósofo estaba mareando con las palabras otra vez? El joven miró fijamente a ese filósofo capaz de lanzar palabras como «reaprender».

EL VERDADERO MOTIVO POR EL QUE «LA GENTE NO CAMBIA»

JOVEN: Dime, a ver. ¿Qué se supone que tengo que reaprender acerca de Adler?

FILÓSOFO: Fíjate en tu discurso y en tu conducta, y fíjate en el discurso y en la conducta de los demás. Entonces piensa en los objetivos que ocultan. Esa es la manera básica de pensar de la psicología adleriana.

JOVEN: Ya... es la «teleología», ¿no?

FILÓSOFO: ¿Me lo explicarías en pocas palabras?

JOVEN: Lo intentaré. Da igual lo que haya sucedido en el pasado, porque no determina el futuro. Tampoco importa que haya traumas. Porque la conducta del ser humano no está motivada por «causas» pasadas, sino por «objetivos» presentes. Por ejemplo, imagina que alguien dice: «Mi entorno familiar fue muy negativo y por eso tengo una personalidad negativa». Es una mentira vital. La verdad es que esa persona tiene el objetivo de «evitar el sufrimiento que se deriva de relacionarse con los demás» y, para conseguir ese objetivo, ha desarrollado una «personalidad negativa» que no se relaciona con nadie. Entonces, como excusa para explicar por qué ha elegido esa personalidad, saca a relucir su infancia. Es más o menos así, ¿no?

FILÓSOFO: Sí. Continúa, por favor.

JOVEN: En otras palabras, lo que sea que haya sucedido en el pasado no nos determina. Somos nosotros quienes determinamos nuestras vidas en función del significado que atribuyamos al pasado.

FILÓSOFO: Sí, exacto.

JOVEN: Y, entonces, dijiste algo como que da igual lo que haya sucedido en nuestras vidas hasta ahora, porque no determina en absoluto cómo viviremos a partir de este momento. Somos nosotros, aquí y ahora, quienes decidimos cómo vivir. ¿Me he equivocado en algo?

FILÓSOFO: No, no te has equivocado en nada. Gracias. No somos seres frágiles a merced de los traumas del pasado. Las ideas de Adler se basan en una convicción firme en la dignidad humana, en el potencial humano y en que los seres humanos se pueden determinar a sí mismos en cualquier momento.

JOVEN: Sí, lo sé. Lo que pasa es que me cuesta dejar a un lado la fuerza de la causalidad. Me cuesta hablar de todo como si se tratara de meros objetivos. Porque, por ejemplo, incluso si tuviera el objetivo de «no relacionarme con nadie», tendría que haber alguna causa que hubiera dado lugar a ese objetivo. En mi opinión, la teleología no es una verdad suprema, por muy revolucionaria que resulte.

FILÓSOFO: Me parece bien. Es posible que el diálogo de esta noche cambie algunas cosas y otras no. Eso es algo que has de decidir tú, no te forzaré. Por favor, considera esto que digo como una manera de pensar.

Somos seres capaces de determinarnos a nosotros mismos en cualquier momento dado. Somos seres capaces de elegir nuevas maneras de ser. Y, sin embargo, cambiar es difícil. En ocasiones, ardemos en deseos de cambiar, pero somos incapaces de hacerlo. ¿Por qué crees que pasa? ¿Qué opinas al respecto?

JOVEN: Quizás lo que sucede es que, en realidad, no queremos cambiar.

FILÓSOFO: Sí, en resumidas cuentas, es eso. Y también tiene que ver con otra pregunta: «¿Qué es cambiar?». Me aventuraré a responder con una expresión extrema: cambiar es morir.

JOVEN: ¿Morir?

FILÓSOFO: Imagina que lo estuvieras pasando mal por algo en tu vida. Imagina que desearas cambiar. Sin embargo, cambiar significa renunciar a la persona que has sido hasta ahora, negar quién has sido hasta ahora, no volver a mostrar nunca más el rostro que tienes ahora. Es como si te enviaras a ti mismo a la tumba. Porque una vez que lo hayas hecho, renacerás como tu nuevo yo.

Al margen de lo insatisfecho que estés con la situación actual, ¿eres capaz de elegir la muerte? ¿Eres capaz de lanzarte a esa oscuridad sin fondo? Hablar de ello no es nada fácil, y explica por qué las personas evitan cambiar y por qué se quieren sentir bien con la situación actual por dura que sea. Y acaban viviendo en busca de ingredientes que confirmen que «ya estoy bien como estoy» y reafirmen su situación actual.

JOVEN: Hum.

FILÓSOFO: ¿Qué tono crees que dan a su pasado las personas que intentan activamente afirmar que ya están bien como están?

JOVEN: En otras palabras...

FILÓSOFO: Solo hay una respuesta. En breve, equivale a resumir su pasado diciendo: «Lo he pasado mal, pero lo llevo bien».

JOVEN: Para afirmarse ahora, tienen que afirmar su infeliz pasado.

FILÓSOFO: Sí. Las personas que has mencionado antes, las que te transmiten su gratitud diciendo: «Muchas gracias por haber sido tan duro conmigo en el pasado», intentan afirmarse a sí mismas en el presente y han de transformar su pasado en buenos recuerdos. No reconocerán su educación autoritaria solo con esas palabras de gratitud.

JOVEN: Como quieren sentir que «lo llevan bien», transforman su pasado en buenos recuerdos. Es muy interesante. Sí, me parece una línea de investigación muy interesante desde la perspectiva de la psicología académica. Sin embargo, no puedo estar de acuerdo con cómo lo interpretas. ¿Por qué?

Yo mismo soy la prueba. ¡No encajo en absoluto en ese modelo! Aún estoy enojado con los maestros y profesores que tuve en la escuela y en la secundaria. Tuvieran razón o no, no les estoy agradecido en lo más mínimo. Mi vida en la escuela fue como estar en la cárcel, no hay forma humana de que eso se transforme jamás en un buen recuerdo.

FILÓSOFO: Seguramente sea porque no estás satisfecho con quien eres ahora.

JOVEN: ¿Qué me acabas de decir?

FILÓSOFO: Seré aún más claro. Quieres justificar un «yo ahora» que dista mucho de ser ideal, así que pintas todo tu pasado con el mismo color gris. Piensas que «fue culpa de la escuela» o que fue «porque aquel maestro hizo eso». Y, entonces, vives en una posibilidad: «Si hubiera ido a la escuela ideal y hubiera tenido a un maestro ideal, no habría acabado así».

JOVEN: ¿Cómo? ¡Acabas de ser muy grosero! ¿En qué te basas para suponer nada semejante?

FILÓSOFO: ¿Puedes decir con total seguridad que son meras suposiciones? Porque la pregunta clave no es si en el pasado sucedió o dejó de suceder algo, sino el significado que el «yo ahora» atribuye a ese pasado.

JOVEN: ¡Retira eso! ¡No me conoces!

FILÓSOFO: Mira, en nuestro mundo, «el pasado» no existe en el sentido real de la palabra. Está pintado en una sucesión infinita de colores del «ahora», cada uno con sus propias interpretaciones.

JOVEN: ¿El pasado no existe en este mundo?

FILÓSOFO: Sí, eso es. No es que no podamos recuperar el pasado. Es que el pasado no existe, sin más. Si esto no se entiende, es imposible entender de verdad la esencia de la teleología.

JOVEN: ¡Bah! ¡Esto es exasperante! Haces suposiciones y, acto seguido, afirmas que «el pasado no existe». Profieres falsedades a diestra y siniestra y luego lanzas una cortina de humo. ¡Qué bien me lo voy a pasar sacando el barro de todos esos agujeros para arrojártelo a la cara!

TU «AHORA» DECIDE EL PASADO

FILÓSOFO: Entiendo que te cueste aceptarlo. Pero si repasas con tranquilidad los hechos, estoy seguro de que estarás de acuerdo conmigo. No hay otro camino.

JOVEN: Bueno, si quieres que te diga la verdad, creo que el ardor de la pasión por tus ideas te ha freído el cerebro. Si dices que el pasado no existe, ¿cómo explicas la historia? ¿Acaso no existieron tus amados Sócrates y Platón? Mira, si es eso lo que quieres dar a entender, vas a hacer el ridículo como científico.

FILÓSOFO: La historia es un gran cuento que las potencias de cada época manipulan a placer. Siempre se manipula con gran habilidad en función de la lógica del poderoso que dice: «Yo ostento la verdad». Todas las cronologías de los libros de historia son apócrifos compilados para demostrar la legitimidad de quienes ocupan el poder en cada momento.

En la historia, lo cierto es siempre el «ahora», y el nuevo gobernante vuelve a reescribir la historia cada vez que una autoridad es derrocada. Sin embargo, lo hace solo para explicar su propia legitimidad. Por lo tanto, «el pasado», en el sentido más básico de la palabra, no existe.

JOVEN: Pero…

FILÓSOFO: Por ejemplo, imagina que un grupo armado de un país concreto está tramando un golpe de Estado. Si lo reprimen y el intento acaba en fracaso, los libros de historia los calificarán de traidores a la patria. Si, por el contrario, tienen éxito y consiguen derrocar al Gobierno, la historia recordará sus nombres como héroes que se alzaron contra la tiranía.

JOVEN: ¿Porque los vencedores siempre reescriben la historia?

FILÓSOFO: A las personas nos sucede lo mismo. Todos y cada uno de nosotros somos compiladores de la historia del «yo» y reescribimos a voluntad nuestro pasado para demostrar la legitimidad del «yo ahora».

JOVEN: ¡No! Con las personas es distinto. El pasado y los recuerdos de la persona son el dominio de la neurociencia. ¡No te metas ahí! Un filósofo anticuado como tú no se ha de entrometer en esas cuestiones.

FILÓSOFO: En lo que se refiere a la memoria, piénsalo así: de los innumerables eventos que suceden en el pasado de una persona, esta selecciona únicamente los que son compatibles con los objetivos presentes. Entonces, les da sentido y los transforma en recuerdos. Y, por el contrario, elimina los eventos que contradicen los objetivos presentes.

JOVEN: ¿Cómo?

FILÓSOFO: Mira, te pondré un ejemplo de mis sesiones de psicoterapia. Una vez, un cliente recordó un incidente de su infancia en el que un perro lo atacó y lo mordió en la pierna. Al parecer, su madre le había dicho: «Si ves a un perro suelto, mantente completamente quieto, porque si corres, te perseguirá». Antes había muchos perros abandonados por la calle. Así que un día se cruzó con un perro abandonado en la acera. El amigo con el que iba salió corriendo, pero él obedeció a su madre y se quedó clavado en el sitio. Y el perro lo atacó y lo mordió en la pierna.

JOVEN: ¿Me estás diciendo que el recuerdo era una mentira, que se lo inventó?

FILÓSOFO: No era una mentira. Probablemente sea verdad que le mordió un perro. Sin embargo, el episodio tenía que tener una continuación. Tras varias sesiones de terapia, volvió a mencionar el episodio. Mientras estaba doblado de dolor por el mordisco del perro, un hombre que iba en bicicleta se detuvo, lo ayudó y lo llevó al hospital.

En la primera etapa de la psicoterapia, su estilo de vida, su visión del mundo había sido que «el mundo es un lugar peligroso y la gente es mi enemiga». Para este hombre, el recuerdo de ser mordido por un perro era un evento que demostraba que el mundo es un lugar peligroso. Sin embargo, cuando, poco a poco, pudo pensar que «el mundo es un lugar seguro y la gente es mi amiga», empezó a recordar episodios que corroboraban esta manera de pensar

JOVEN: Hum.

FILÓSOFO: ¿Lo mordió un perro? ¿O un desconocido lo ayudó? Este es el motivo por el que se dice que la psicología adleriana es una «psicología de uso», porque uno «puede elegir la propia vida». El pasado no decide el «ahora». Es el «ahora» lo que decide el pasado.

«ESA MALA PERSONA» Y EL «POBRE DE MÍ»

JOVEN: Entonces, ¿elegimos nuestra vida y nuestro pasado?

FILÓSOFO: Sí. No creo que haya nadie en este mundo que viva una vida sin problemas. Todos hemos tenido experiencias tristes, hemos tropezado, hemos sufrido un trato cruel a manos de otros o grandes decepciones. Entonces, ¿por qué hay quien se refiere a esas tragedias como «lecciones de vida» o «recuerdos», mientras que otros quedan atrapados en ellas y las consideran traumas insuperables?

No es que estén atrapados en el pasado. Si tiñen el pasado de tristeza, es porque necesitan hacerlo. Aunque quizás suene duro, se podría decir que se emborrachan con el vino barato de la tragedia e intentan olvidar la amargura de un «ahora» desafortunado.

JOVEN: ¡Basta! Qué cara más dura. «¿El vino barato de la tragedia?». Lo que acabas de decir no es más que la lógica del fuerte, la lógica del vencedor. No conoces el dolor de los oprimidos. Insultas a los oprimidos.

FILÓSOFO: No, te equivocas. Si me opongo a las borracheras de tragedia, es precisamente porque creo en el potencial humano.

JOVEN: Mira, no tenía intención de preguntar qué tipo de vida has vivido, pero creo que empiezo a entenderlo. Básicamente, no te has tenido que enfrentar a obstáculos importantes ni a una irracionalidad abrumadora antes de cruzar el umbral hacia el mundo nebuloso de la filosofía. Por eso puedes desdeñar de ese modo las cicatrices emocionales ajenas como si no fueran nada. ¡No sabes la suerte tan excepcional que has tenido!

FILÓSOFO: Veo que te cuesta mucho aceptarlo. Bueno, probemos otra cosa. Es una columna triangular que a veces se usa en psicoterapia.

JOVEN: Parece interesante. Explícamelo, por favor.

FILÓSOFO: La columna triangular representa la psique. Desde donde estás sentado, solo deberías ver dos de los tres lados. ¿Qué hay escrito en los lados que ves?

JOVEN: Un lado dice «esa mala persona» y el otro, «pobre de mí».

FILÓSOFO: Sí. La mayoría de quienes acuden a terapia comienzan hablando de lo uno o de lo otro. Si no se lamentan entre lágrimas de la desdicha que los abruma, hablan de lo mucho que detestan a quienes los atormentan o se quejan de la sociedad que los rodea.

Esto no solo sucede en terapia. Cuesta mucho ser conscientes de lo que decimos en realidad cuando hablamos con familiares o con amigos, o cuando ofrecemos consejos. Sin embargo, si lo visualizamos así, queda claro que hablamos de una de esas dos cosas. Te suena, ¿verdad?

JOVEN: Culpar a «esa mala persona» o entonar el «pobre de mí». Sí... creo que se podría decir así.

FILÓSOFO: Sin embargo, no es de eso de lo que deberíamos hablar. Por mucho que quieras que alguien corrobore tu opinión de «esa mala persona» o se lamente junto a ti de tu «pobre de mí», y tanto si tienes a alguien que te escuche como si no, lo cierto es que, si bien es posible que halles un alivio pasajero, no te llevará a una solución verdadera.

JOVEN: Entonces, ¿qué se puede hacer?

FILÓSOFO: La columna triangular tiene otro lado, el que no puedes ver ahora. ¿Qué crees que pone?

JOVEN: ¡Va, no me marees y dímelo!

FILÓSOFO: De acuerdo. Léelo en voz alta.

El filósofo había traído un papel doblado en forma de columna triangular. Desde donde el joven estaba sentado, solo se veían dos de sus caras. En una se leía «esa mala persona» y, en la otra, «pobre de mí». Según el filósofo, las quejas de las personas ansiosas siempre acababan siendo o una cosa o la otra. Y, entonces, el filósofo hizo girar lentamente la columna entre sus finos dedos y reveló las palabras escritas en la otra cara. Al leerlas, el joven sintió que un escalofrío lo recorría de la cabeza a los pies.

LA PSICOLOGÍA ADLERIANA NO ES CUESTIÓN DE MAGIA

JOVEN: ¡...!

FILÓSOFO: Dilo en voz alta.

JOVEN: «¿Qué debería hacer de ahora en adelante?».

FILÓSOFO: Sí, eso es precisamente de lo que deberíamos hablar. «¿Qué debería hacer de ahora en adelante?». No hace falta hablar de «esa mala persona» o del «pobre de mí». No te haré caso por mucho que te quejes de ellos.

JOVEN: ¿Es que no tienes corazón?

FILÓSOFO: Si no te hago caso, no será porque no me importe, sino porque no hay nada que ni tú ni yo podamos hacer al respecto. Si me dedicara a escuchar historias acerca de «esa mala persona» o del «pobre de ti», te compadeciera y dijera cosas como «vaya, lo has tenido que pasar muy mal» o «no ha sido culpa tuya», sé que sentirías un alivio temporal. Y quizás sentirías incluso cierta satisfacción y pensarías que había sido buena idea ir a terapia o pedirme consejo.

Pero ¿en qué cambiaría eso tu situación al día siguiente o cada día después de ese momento? ¿Acaso no buscarías simplemente más consuelo la próxima vez que te encontraras mal? ¿No estaríamos hablando entonces de dependencia emocional? Por eso en la psicología adleriana hablamos de «¿qué debería hacer a partir de ahora?».

JOVEN: Pero si dices que debo pensar seriamente acerca de mi «a partir de ahora», se supone que antes tendría que saber de mi «hasta ahora», ¿no?

FILÓSOFO: No. Ahora, justo ahora, estás frente a mí. Me basta con conocer a tu «yo de ahora», el que tengo delante. En principio no tengo manera de conocer a tu «yo pasado». Lo repetiré de nuevo: el pasado no existe. El pasado del que hablas no es más que una historia hábilmente compilada por tu «yo de ahora». Entiéndelo, por favor.

JOVEN: ¡No quiero! No haces más que juntar piezas dispersas de teoría, reprocharme y decirme que deje de quejarme. Me impones la lógica del arrogante y del fuerte y no muestras la menor consideración por la debilidad humana. Ni siquiera intentas entender esa debilidad.

FILÓSOFO: No, eso no es así. Por ejemplo, no es raro que los terapeutas entreguemos la columna triangular al cliente y le digamos: «Da igual cuál sea el tema concreto, así que gira la columna y muéstrame el contenido del que vas a hablar». En ese punto, mucha gente elige libremente «¿qué debería hacer a partir de ahora?» y empieza a pensar en la pregunta.

JOVEN: ¿Libremente?

FILÓSOFO: Otras escuelas de psicoterapia usan enfoques de choque que intentan provocar explosiones de emoción ahondando en el pasado. Pero no hay necesidad alguna de hacerlo.

No somos prestidigitadores, no somos magos. Lo repetiré de nuevo: la psicología adleriana no es magia. Es una psicología constructiva y científica del conocimiento humano y no se basa en una magia misteriosa, sino en el respeto por las personas. Eso es la psicología adleriana.

JOVEN: Vaya, veo que te has tirado a la piscina otra vez y has vuelto a usar la palabra «científica».

FILÓSOFO: Sí.

JOVEN: Vale, te lo compro. De momento, te compraré lo que dices. Ahora hablemos de lo que verdaderamente me preocupa: mi «a partir de ahora». Mi futuro como educador.

Parte II

¿POR QUÉ NEGAR LA RECOMPENSA Y EL CASTIGO?

El joven se dio cuenta de que el diálogo con el filósofo no iba a ser tan sencillo como había previsto. Tenía que admitir que este Sócrates anciano era un oponente formidable, sobre todo porque se sacaba de la manga una teoría abstracta detrás de otra. Sin embargo, el joven aún estaba seguro de que, al final, él mismo se alzaría con la victoria. «Saca la conversación de este estudio lo antes posible y llévala al aula. Ponlo a prueba en el mundo real. No es que quiera criticarlo porque sí. Pero es que solo plantea un montón de teorías quiméricas y totalmente alejadas de la realidad. Quiero traerlo de vuelta a la Tierra, a la vida real de la gente». El joven acercó una silla y respiró hondo.

EL AULA ES UN PAÍS DEMOCRÁTICO

JOVEN: En este mundo, el pasado no existe. No nos debemos emborrachar con el vino barato de la tragedia. Lo único de lo que deberíamos hablar tú y yo es de «¿qué voy a hacer a partir de ahora?». Muy bien, acepto la premisa. Entonces, a partir de ahora hablaremos de cómo doy clases en la escuela. Si te parece, pasaré directamente a ese tema. ¿De acuerdo?

FILÓSOFO: Sí, claro. Adelante.

JOVEN: De acuerdo. Antes has dicho que el primer paso concreto es el respeto, ¿verdad? Ahora quiero hablar de eso. ¿Crees que basta con que lleve el respeto al aula para que todo se resuelva? Dicho de otro modo, ¿dejarán de causar problemas mis alumnos?

FILÓSOFO: No, el respeto en sí mismo no resolverá la situación. Seguirá habiendo problemas.

JOVEN: Entonces, al final tendré que acabar gritándoles, ¿no? Porque si se siguen portando mal y molestan al resto de los alumnos…

FILÓSOFO: No, no los regañes.

JOVEN: Entonces, ¿se supone que tengo que permitir que se porten mal descaradamente y no hacer nada al respecto? Eso es lo mismo que decir que no hay que detener y castigar a los ladrones. ¿Aceptaría Adler semejante anarquía?

FILÓSOFO: Adler no desdeña ni la ley ni las normas. Siempre que se trate de normas establecidas mediante un proceso democrático, claro está. Esto es importantísimo, tanto si hablamos de la sociedad en su conjunto como si hablamos del aula.

JOVEN: ¿Un proceso democrático?

FILÓSOFO: Sí. Piensa en tu aula como en un país democrático.

JOVEN: ¿Cómo? ¿Qué quieres decir?

FILÓSOFO: La soberanía de una nación democrática descansa en el pueblo, ¿no? Este es el principio de «soberanía nacional», donde el «poder soberano descansa en el pueblo». El pueblo, que es soberano, instaura normas de todo tipo basadas en el consenso, que son aplicables por igual a todos los ciudadanos. Por eso pueden observarlas. En lugar de limitarse a obedecerlas, las observan más activamente porque son «nuestras normas».

Por otro lado, ¿qué sucede cuando las normas se imponen a partir del criterio único de una sola persona, en lugar de basarse en el consenso de la población, y cuando, además, esas normas no son en absoluto iguales para todos?

JOVEN: Bueno, estoy seguro de que el pueblo no se lo tomaría muy bien ni se quedaría callado.

FILÓSOFO: Entonces, si el gobernante quiere reprimir una rebelión, no tendrá más remedio que hacer una demostración de poder, tanto tangible como intangible. Y eso no solo es aplicable a los países, sino también a las empresas y a las familias. Toda organización en la que alguien hace uso de su poder para reprimir a los demás se alza sobre los cimientos de la irracionalidad.

JOVEN: Hum. Ya veo.

FILÓSOFO: Y lo mismo sucede en el aula. La soberanía del aula-nación no le corresponde al profesor, sino al alumnado. Y las normas del aula se han de instaurar a partir del consenso con los alumnos, que son soberanos. Partamos de ese principio.

JOVEN: Complicas demasiado las cosas, para variar. Los alumnos deberían poder autogestionarse, ¿es eso a lo que te refieres? Nuestra secundaria ya cuenta con un sistema de autogestión, con un consejo de alumnos, etcétera.

FILÓSOFO: No, me refiero a algo más fundamental. Si, por ejemplo, pensamos en el aula como en una nación, los alumnos son los ciudadanos. ¿Qué posición crees que ocuparía entonces el profesor?

JOVEN: Bueno, si los alumnos son los ciudadanos, imagino

que el profesor sería el primer ministro o el presidente y ejercería de líder.

FILÓSOFO: Ya, pero eso no es exactamente así, ¿no? ¿Has sido elegido por los alumnos en unos comicios? Si te autoproclamaras presidente sin haber pasado antes por unas elecciones, no se trataría de un país democrático. Sería una dictadura.

JOVEN: Sí, imagino que sí. Hablando desde la lógica, al menos.

FILÓSOFO: No hablo de lógica, sino de la realidad. El aula no es una dictadura con el profesor al mando. Es un país democrático en el que todos y cada uno de los alumnos es soberano. Los profesores que olvidan este principio instauran una dictadura sin darse cuenta.

JOVEN: ¡Acabáramos! ¿Ahora resulta que tengo tendencias fascistas?

FILÓSOFO: Si lo llevas al extremo, sí. Que el aula se haya descontrolado no es un problema de tus alumnos de cada uno de sus alumnos. Y tampoco es porque no cuentes con suficiente formación como profesor. Lo que pasa es que la situación en el aula se asemeja a una dictadura corrupta; por eso se ha descontrolado. Una organización al mando de un dictador no puede escapar de la corrupción.

JOVEN: ¡Deja de lanzar acusaciones! ¿En qué te basas para criticarme así?

FILÓSOFO: Está bastante claro. Me baso en «la recompensa y el castigo» que tan necesarios son según tú.

JOVEN: ¿De qué hablas ahora?

FILÓSOFO: ¿No querías hablar de ese tema? ¿De los elogios y las reprimendas?

JOVEN: Qué curioso que seas tú quien haya lanzado el guante. Has de saber que he acumulado mucha experiencia como docente y en el aula. ¡Te vas a tener que comer con papas todas esas acusaciones tan irrespetuosas! ¡Puedes estar seguro de ello!

FILÓSOFO: De acuerdo. Hablaremos de ello todo lo que quieras.

NI ELOGIOS NI REPRIMENDAS

JOVEN: Adler prohíbe los elogios y las reprimendas. Aconseja que no regañemos ni elogiemos. ¿Por qué defiende semejante tontería? ¿Es que no era consciente de la gran diferencia que hay entre lo ideal y lo real? Eso es lo que quiero saber.

FILÓSOFO: De acuerdo. Si te he entendido bien, crees que tanto los elogios como las reprimendas son necesarios, ¿verdad?

JOVEN: Claro que lo son. Aunque seguramente les caiga mal a mis alumnos por ello, los tengo que regañar. Tienen que corregir sus errores. Sí. Empecemos por saber por qué está mal regañar.

FILÓSOFO: De acuerdo. ¿Por qué no debemos regañar a los demás? Quizás lo mejor sea ponernos en situación. Imagina que un niño ha hecho algo mal. Puede ser algo peligroso, algo que puede perjudicar a otra persona o algo que roza lo delictivo. ¿Cómo es posible que el niño haya hecho algo así? Una de las posibilidades es que no supiera que eso estaba mal.

JOVEN: ¿Que no lo sabía?

FILÓSOFO: Sí, mira, me pondré a mí mismo de ejemplo. De pequeño tenía una lupa que llevaba conmigo allá donde fuera. Buscaba insectos y plantas y los examinaba con la lupa. Me pasaba el día inspeccionando mundos que resultaban invisibles a simple vista. Me quedaba absorto en ellos, como un entomólogo en miniatura.

JOVEN: Sí, yo también pasé por una de estas fases.

FILÓSOFO: Sin embargo, algo después, aprendí a usar la lupa de un modo muy distinto. La usaba para enfocar la luz del sol sobre un papel negro hasta que, ¡sorpresa!, el papel empezaba a echar humo y, al final, prendía. Me encantaba presenciar ese milagro de la ciencia que parecía un truco de magia y ya ni me acordaba de cuando usaba la lupa para ver el mundo en miniatura.

JOVEN: Sí, es fantástico, ¿verdad? A mí también me gustaba más eso que arrastrarme por el suelo buscando bichos. Una minúscula lupa nos puede inspirar a reflexionar sobre el poder del sol o motivarnos incluso a ponderar el universo. Es un primer paso hacia el mundo de la ciencia.

FILÓSOFO: Bueno, pues un día estaba jugando así, quemando papel. Era verano y hacía mucho calor. Puse una hoja de papel negro en el suelo y empecé a enfocar la luz del sol como hacía siempre, y de repente, por el rabillo del ojo, vi una hormiga solitaria. Era una hormiga grande y sólida, con un exoesqueleto negro. Ya me había empezado a aburrir del papel negro, así que ¿qué crees que hice con la hormiga negra y la lupa? Creo que no hace falta que siga.

JOVEN: No, ya me lo imagino. Los niños pueden ser muy crueles.

FILÓSOFO: Sí. Muchos niños muestran este tipo de brutalidad y matan insectos para divertirse. Sin embargo, ¿de verdad son crueles? ¿Van por el mundo con una especie de «conducta agresiva» latente, como diría Freud? Yo no lo creo. Los niños no son crueles. Lo que pasa es que no son conscientes. No saben lo valiosa que es la vida ni son conscientes del dolor ajeno.

Es ahí donde podemos intervenir los adultos. Si no lo saben, se lo podemos enseñar. Y si se lo enseñamos, no hace falta que los regañemos. No te olvides de este principio. Porque no es cuestión de mala conducta, sino de desconocimiento.

JOVEN: Entonces, ¿quieres decir que no se trata ni de agresividad ni de crueldad, sino de ignorancia?

FILÓSOFO: Cuando vemos a un niño jugando en las vías de tren, es muy posible que no sea consciente de lo peligroso que es. O si está gritando a pleno pulmón en un sitio público, es posible que no sea consciente de que está molestando a la gente. Sea lo que sea, todos partimos del desconocimiento. ¿No crees que no resulta demasiado razonable regañar con dureza a alguien que no sabe que lo que está haciendo está mal?

JOVEN: Sí, pero solo si es cierto que no lo sabía.

FILÓSOFO: Los adultos no debemos regañar, sino enseñar. Con palabras sensatas, sin alterarnos ni alzar la voz. Tú eres capaz de hacerlo.

JOVEN: Si ese fuera el único ejemplo, aún lo aceptaría. Porque está claro que no vas a aceptar tu propia brutalidad como asesino de hormigas, ¿no? Sin embargo, no estoy dispuesto a asumir esta línea de razonamiento. No me lo trago. Al contrario, me da la sensación de que se me va a atragantar, como un trozo de pan demasiado grande. Tu concepto de la gente es demasiado ingenuo.

FILÓSOFO: ¿Ingenuo? ¿Por qué?

JOVEN: Mira, los niños de guardería o de preprimaria son una cosa. Pero los niños de primaria, y no digamos ya de secundaria, saben perfectamente lo que hacen. Hace ya mucho que han aprendido lo que está prohibido y lo que se considera inmoral. Ahora saldrás con que se portan mal porque son objetores de conciencia. No. Hay que castigarlos severamente cuando se portan mal. Ojalá dejaras de hablar como un anciano que solo ve angelitos de corazones puros.

FILÓSOFO: Sí, claro que muchos niños que se portan mal saben perfectamente lo que hacen. E incluso es posible que esto suceda en la mayoría de los casos de mala conducta. Sin embargo, ¿nunca te ha parecido curioso? Desobedecen no solo sabiendo que lo que hacen está mal, sino también que sus padres y profesores los regañarán por ello. No es lógico.

JOVEN: Es de tontos, eso es lo que es. Lo entenderían si se calmaran y se pararan a pensar un momento, pero son incapaces de ello.

FILÓSOFO: ¿De verdad crees que es así? ¿No ves que hay otra mentalidad operando en su interior?

JOVEN: Entonces, ¿lo hacen sabiendo que los regañarán? ¿Incluso los que se ponen a llorar cuando los regañan?

FILÓSOFO: Ciertamente, creo que merece la pena valorar esa posibilidad, sí. En la psicología adleriana contemporánea pensamos que la conducta humana problemática pasa por cinco fases y que cada una de ellas se caracteriza por un estado mental propio.

JOVEN: ¡Vale! ¡Por fin hablas de psicología!

FILÓSOFO: Si entiendes las cinco fases de la conducta problemática, llegarás por ti mismo a una conclusión respecto a si regañar está bien o no.

JOVEN: Venga, pues explícamelas. ¡Ya veremos si entiendes tan bien como crees a los niños y al entorno educativo real!

«¡Los argumentos del filósofo no tienen sentido alguno! —pensó el joven, enfurecido—. Que el aula es un país democrático en miniatura. Y que la soberanía del aula recae en los alumnos. Mira, hasta ahí de acuerdo. Pero ¿por qué son innecesarios la recompensa y el castigo? Si el aula es una nación, ¿no hacen falta leyes que la gobiernen? Y si alguien infringe las leyes y comete delitos, ¿no habrá que castigarlo?». El joven escribió «las cinco fases de la conducta problemática». en su libreta y sonrió para sí. «Por fin averiguaré si la psicología adleriana se sostiene en el mundo real o si no es más que un montón de teorías vacías».

EL OBJETIVO DE LA MALA CONDUCTA

FILÓSOFO: ¿Por qué se portan mal los niños? La psicología adleriana se centra en los «objetivos» ocultos que subyacen a la conducta y entiende que la mala conducta de los niños (y no tan niños) pasa por cinco fases, independientemente de cuál sea su objetivo.

JOVEN: ¿Lo de las cinco fases significa que se trata de algo que se intensifica gradualmente?

FILÓSOFO: Sí, y las fases abarcan conductas problemáticas de todo tipo. En la medida de lo posible, habría que tomar medidas al principio para evitar que la mala conducta vaya a más.

JOVEN: De acuerdo. A ver, comienza por la primera fase.

FILÓSOFO: La primera fase de la conducta problemática es la «búsqueda de admiración».

JOVEN: ¿Búsqueda de admiración? Es decir, ¿como si estuvieran diciendo «felicítame»?

FILÓSOFO: Sí. Los alumnos interpretan el papel de «niño bueno» ante los padres, los maestros y otras personas. Los empleados de una organización se esfuerzan en demostrar motivación y obediencia ante sus jefes y superiores. Y lo hacen con la esperanza de obtener su aprobación, de ser elogiados. Ahí comienza todo.

JOVEN: Pero eso parece encomiable, ¿no? Son productivos y no molestan a nadie. Se ponen al servicio de los demás. No veo motivo para calificarlo de problemático.

FILÓSOFO: Sí, es cierto que si tomamos cada una de esas acciones por separado, parecen buenos niños o alumnos ejemplares que no dan problema alguno. Y cuando nos encontramos con niños que se esfuerzan con las tareas escolares o en los deportes, o con empleados comprometidos con su trabajo, con personas aplicadas, parece que lo más natural es elogiarlas.

Sin embargo, corremos un gran peligro. Su objetivo será siempre ser elogiadas. Y no solo eso, también querrán alcanzar una posición privilegiada en la comunidad.

JOVEN: Ah, entonces, como sus motivos no son puros, son inaceptables. ¿Es eso? Pues vaya manera de pensar tan simple para ser filósofo. Son alumnos que se toman en serio sus estudios, ¿no? ¿Qué más da que su objetivo sea el reconocimiento? Yo no veo ningún problema.

FILÓSOFO: Ya, pero ¿qué crees que pasa cuando sus esfuerzos no obtienen el reconocimiento de sus padres y profesores, o de sus jefes y compañeros?

JOVEN: Bueno, supongo que se sienten decepcionados. Quizás incluso se enojen.

FILÓSOFO: Sí. Mira, no es que se porten bien porque sí. Solo quieren los elogios. Y si no los van a elogiar o no van a recibir un trato especial, el esfuerzo no les merece la pena y se desmotivan.

Adoptan un estilo de vida, o una visión del mundo, que basan en esta premisa: «No me portaré bien a no ser que haya alguien dispuesto a elogiarme» o «me portaré mal a no ser que haya alguien que me castigue».

JOVEN: Bueno, sí, seguramente tengas razón, pero...

FILÓSOFO: Además, otra característica de esta etapa es que, como quieren ser el «niño bueno» y prometedor, empiezan a hacer trampas y adoptan tácticas engañosas y malas conductas de otro tipo. Los educadores y los líderes se deberían esforzar por dilucidar los objetivos de sus alumnos y empleados en lugar de centrarse únicamente en las conductas.

JOVEN: Ya, pero si no los elogiamos, pierden la motivación y se convierten en niños que no hacen nada. Y en algunos casos se empiezan a portar mal, ¿no?

FILÓSOFO: No, porque les tenemos que enseñar que son personas valiosas aunque no sean especiales. Se lo enseñamos demostrándoles respeto.

JOVEN: Sé concreto, por favor. ¿Cómo puedo hacer eso?

FILÓSOFO: En lugar de centrarte en si el niño ha hecho algo «bien», céntrate en los pequeños detalles del día a día, en sus palabras y acciones. Y entonces presta atención y demuestra simpatía por lo que le interesa. Eso es todo.

JOVEN: Así que volvemos a lo de antes. La verdad es que aún no acabo de sentirme cómodo calificando eso de conducta problemática, pero avancemos. ¿Cuál es la segunda fase?

FILÓSOFO: La segunda fase de la conducta problemática es la «llamada de atención».

JOVEN: ¿Llamada de atención?

FILÓSOFO: El niño se ha portado «bien», pero no ha sido elogiado por ello ni ha obtenido una posición privilegiada en clase. Quizás carezca del valor o de la tenacidad suficientes para hacer lo que hay que hacer para conseguir ese elogio. Entonces piensa: «Bueno, no pasa nada si no me elogian. Me basta con que me hagan caso».

JOVEN: ¿Y es entonces cuando se portan mal? ¿Cuando hacen algo que les valdrá una reprimenda?

FILÓSOFO: Exacto. En esta fase ya no piensan en los elogios. Solo quieren que les hagan caso. Llegados a este punto, quiero que recuerdes que el objetivo de la conducta en esta fase es destacar, no portarse mal.

JOVEN: ¿Y qué consiguen destacando?

FILÓSOFO: Quieren ostentar una posición privilegiada en el aula. Quieren un «lugar» definido en la comunidad a la que pertenecen. Ese es su verdadero objetivo.

JOVEN: En otras palabras, como los métodos ortodoxos, como hacer la tarea, no les han funcionado, ahora intentan ser «especiales» por otros medios. En lugar de ser especiales como «niños buenos», intentan serlo como «niños malos». Y así se aseguran su propio espacio.

FILÓSOFO: Sí, es justo así.

JOVEN: Bueno, pues diría que, a esas edades, ser un «niño malo» es una de las mejores maneras para que te consideren superior. Así que, concretamente, ¿cómo consiguen destacar?

FILÓSOFO: Si se trata de un niño asertivo, lo más probable es que intente obtener atención mediante travesuras. Romperá las normas más leves de la sociedad y de la escuela. Hará ruido en casa, se burlará del profesor o le lanzará una pregunta tras otra. Cosas de este tipo. Sin embargo, no llegará tan lejos como para incurrir en la ira de los adultos y, por lo general, caerá bien tanto a los profesores como a los compañeros de clase. Es una especie de bufón popular.

Los niños pasivos optan por otra vía e intentan obtener atención o bien con una reducción drástica del rendimiento académico, olvidándose cosas con frecuencia o llorando. Llaman la atención actuando como niños incompetentes e intentan obtener así una posición especial.

JOVEN: Pero si molestan en clase o se olvidan continuamente de cosas, es muy probable que acaben recibiendo una severa regañada. ¿Acaso no les importa que los regañen?

FILÓSOFO: Si la alternativa es que no les hagan caso, preferirán con mucho la regañada. Quieren que se reconozca su presencia y quieren ostentar una posición especial, aunque eso suponga pasar por una reprimenda. Es lo que quieren.

JOVEN: ¡Eso es muy duro! Es una manera de pensar muy complicada.

FILÓSOFO: No. De hecho, los niños que llegan a esta segunda fase viven basándose en un principio muy simple, y manejarlos no es demasiado difícil. Porque, gracias al respeto, les podemos transmitir que no necesitan ser especiales, que ya son personas valiosas tal y como son. Las cosas se complican a partir de la tercera fase.

JOVEN: Hum. ¿Por qué?

¡ÓDIAME! ¡ABANDÓNAME!

FILÓSOFO: Cuando llegan a la tercera fase de la conducta problemática, sus objetivos se transforman en una «lucha de poder».

JOVEN: ¿Lucha de poder?

FILÓSOFO: No ceden ante nadie, provocan repetidamente y generan enfrentamientos. La victoria es una demostración de poder y, con cada batalla, los contendientes intentan obtener una posición privilegiada. Es una fase muy dura.

JOVEN: ¿Qué quieres decir con eso de generar enfrentamientos? No estarás diciendo que se agreden físicamente, ¿no?

FILÓSOFO: Dicho de otro modo, es un acto de «resistencia». Provocan a sus padres y a sus profesores y profieren groserías. A veces se enojan o se vuelven violentos, o empiezan a robar objetos en tiendas, fuman... Infringen las normas sin pensárselo.

JOVEN: Bueno, estos son niños problemáticos de verdad. Sí, esos son precisamente los que me generan tanta impotencia.

FILÓSOFO: Por el contrario, los niños pasivos abordan la lucha de poder desde la desobediencia. Por mucho que los regañemos y por duras que sean las palabras, se negarán a estudiar y a aplicarse. Harán caso omiso de las palabras de los adultos. No tienen demasiadas ganas de estudiar, aunque tampoco creen que estudiar sea innecesario. Lo que pasa es que quieren demostrar su poder siendo decididamente desobedientes.

JOVEN: ¡Me desespero solo de pensarlo! ¡Estos niños solo entienden los gritos! Infringen las normas y de verdad que me entran ganas de darles unos buenos cinturonazos. Si no los corrijo, es como si les dijera que me parece bien que se porten mal.

FILÓSOFO: Ya. Muchos padres se aferran a la raqueta de la ira y lanzan la pelota de la reprimenda con un buen revés. Sin embargo, eso no es más que ceder ante la provocación del otro y saltar a la misma pista para jugar a su juego. Estarán encantados de poder devolver la pelota de la resistencia, pues el juego que con tanto esmero han preparado acaba de empezar.

JOVEN: Entonces, ¿qué se puede hacer?

FILÓSOFO: Si lo que han hecho tiene consecuencias legales, hay que hacer lo que sea que dicte la ley. Por el contrario, si se trata de una lucha de poder de cualquier otro tipo, hay que salir de la pista en cuanto nos damos cuenta de a qué estamos jugando. Es lo único que hay que hacer inmediatamente. Recuerda que, incluso si no lo regañas, el mero hecho de que parezca que estás a punto de enojarte te coloca en plena pista y en plena lucha de poder.

JOVEN: Pero ¿y si resulta que tengo un alumno que está haciendo algo malo delante de mí? ¿Qué hago ante esa realidad? ¿Es que un educador ha de dejar al alumno solo y no hacer nada?

FILÓSOFO: Te aseguro que hay una conclusión lógica a este problema, pero, si te parece bien, espera a que te haya explicado las cinco fases y podamos reflexionar sobre todo ello juntos.

JOVEN: ¡Bah! ¡Siempre igual! ¡Continúa!

FILÓSOFO: La cuarta fase de la conducta problemática es la de «venganza».

JOVEN: ¿Venganza?

FILÓSOFO: Sí. La persona en cuestión había decidido librar una lucha de poder, pero se ha visto superada. No ha conseguido la victoria y tampoco ha obtenido una posición privilegiada. Ha de sufrir el desprecio de los demás y la humillación de la derrota. Entonces se aleja temporalmente y urde un plan de venganza.

JOVEN: Pero ¿de quién se quiere vengar? Y ¿por qué?

FILÓSOFO: Usa el amor como venganza contra quienes no reconocen ese «yo» irremplazable o contra quienes no lo quieren.

JOVEN: ¿El amor como venganza?

FILÓSOFO: Recuerda: búsqueda de admiración, llamada de atención y luchas de poder. Las tres fases son la expresión de un anhelo de amor y suplican: «Quiero que me tengas en más estima». Entonces, cuando la persona se da cuenta de que su necesidad de amor no se verá satisfecha, da un giro de ciento ochenta grados y empieza a buscar el odio.

JOVEN: ¿Por qué? ¿Qué sentido tiene buscar el odio?

FILÓSOFO: «Ahora me doy cuenta de que no me van a querer. Pues vale, si eso es lo que quieren, que me odien. Que me presten atención, aunque sea desde el odio». Eso es lo que piensan.

JOVEN: ¿Desean que los odien?

FILÓSOFO: Sí, es lo que acaba pasando. Por ejemplo, imaginemos a un niño que ha llegado a la tercera fase y que se opone a sus padres y profesores y los desafía a luchas de poder. En el aula tiene la posibilidad de convertirse en un héroe menor, de lograr que sus compañeros lo veneren por haber tenido la valentía de enfrentarse a la autoridad y a los adultos.

Sin embargo, si nadie lo celebra, pasará a la fase de venganza. Detestado y temido por sus padres y sus maestros, e incluso por sus compañeros, se va aislando cada vez más. Incluso así, intentará conectar con los demás mediante ese nexo, el del odio.

JOVEN: Si esto es así, la solución es hacer como si no los viéramos. La solución es romper ese último punto de contacto, el odio. Porque así ya no habrá necesidad de venganza. Y entonces podremos pensar en otra estrategia más sensata, ¿no crees?

FILÓSOFO: Sí, eso quizás funcionaría en teoría. Pero, en la práctica, su conducta resulta casi intolerable.

JOVEN: ¿Por qué? ¿Crees que no tengo suficiente paciencia?

FILÓSOFO: Por ejemplo, los niños que llegan a la fase de luchas de poder se lanzan a la batalla directamente, sin doblez. Sus provocaciones, repletas de palabras malsonantes, están directamente relacionadas con su sentido de la justicia. Por eso, a veces, sus compañeros de clase los consideran héroes. Este tipo de provocaciones se pueden afrontar con calma.

Por el contrario, una vez que pasan a la fase de venganza, enfrentarse a ellos directamente ya no es una opción. No es que planeen portarse mal. Se limitan a repetir las cosas que no gustan a los demás.

JOVEN: ¿Me podrías dar un ejemplo concreto?

FILÓSOFO: Sí, un ejemplo evidente podría ser la conducta de persecución, que es una forma típica de venganza. Es una venganza de amor dirigida a la persona que no te quiere. Las personas que se dedican a perseguir a otra saben muy bien que esa conducta no agradará a su objetivo. Y saben también que de esa manera no podrán forjar una relación positiva. Sin embargo, su objetivo es conectar sea como sea, aunque sea a través del odio o del desagrado.

JOVEN: Qué manera de pensar tan desagradable.

FILÓSOFO: La psicología adleriana entiende las autolesiones y el aislamiento como una forma de venganza. Al hacerse daño a uno mismo y a la propia autoestima, acusan al otro: «Si he acabado así, es por tu culpa». Por supuesto, los padres del niño se preocuparán, y para ellos será una experiencia angustiosa. Desde el punto de vista del niño, la venganza habrá tenido éxito.

JOVEN: Bueno, creo que nos acabamos de adentrar en el terreno de la psiquiatría, ¿no? ¿Algún otro ejemplo?

FILÓSOFO: Aunque se oye hablar de muchos casos en que la situación llega a la violencia o al maltrato verbal, también hay muchos niños problemáticos que acaban en grupos de delincuentes o incluso en el crimen organizado. Y en el caso de los niños pasivos, pueden desarrollar venganzas de todo tipo, como descuidarse físicamente y ensuciarse de un modo excesivo, o adoptar hábitos grotescos con los que están seguros de provocar el desagrado de los demás.

JOVEN: ¿Y qué hay que hacer ante una situación así?

FILÓSOFO: Si en tu clase hay niños así, no puedes hacer nada. Su objetivo es vengarse de ti. Cuanto más los intentes ayudar, más se intensificará su conducta y más empeorará su lenguaje, porque lo entenderán como oportunidades para vengarse. Llegados a ese punto, lo único que se puede hacer es pedir ayuda a un tercero que se haya mantenido al margen hasta ahora y que no tenga un interés creado en el desenlace de la situación. En otras palabras, tendrías que pedir ayuda a otro profesor o incluso a personas ajenas al colegio (por ejemplo, a especialistas como yo).

JOVEN: Pero esta era la cuarta fase, ¿no? Eso quiere decir que aún hay otra.

FILÓSOFO: Sí, la quinta. Es la última y aún más problemática que la de venganza.

JOVEN: Explícamela.

FILÓSOFO: La quinta fase de la conducta problemática es la «demostración de incompetencia».

JOVEN: ¿Demostración de incompetencia?

FILÓSOFO: Sí, eso es. Trata de imaginar que hablamos de ti. Aunque has emprendido todo tipo de acciones para conseguir un trato especial, nada ha salido bien. Tus padres, tus profesores e incluso tus compañeros de clase no te odian como quieres que te odien. No encuentras tu «lugar» ni en el aula ni en casa. ¿Qué harías en esta situación?

JOVEN: Creo que me rendiría. Porque parece que, haga lo que haga, no consigo que nadie me haga caso. Imagino que dejaría de esforzarme.

FILÓSOFO: Aun así tus padres y profesores te seguirían arengando, seguirían insistiendo en que tienes que estudiar más y empezarían a intervenir en varias cosas, como tu actitud en la escuela y tus amistades. Por supuesto, lo harían porque te quieren ayudar.

JOVEN: ¡No es asunto suyo! Si pudieran hacerlo bien, ya lo habrían hecho hace mucho. Ojalá no se metieran conmigo.

FILÓSOFO: No conseguirías que lo entendieran. Quienes te rodean quieren que te esfuerces más. Saben que puedes hacer cosas y esperan que cambies y que trabajes para mejorar.

JOVEN: ¡Y lo que yo sé es que esas expectativas son lo peor! Querría que me dejaran en paz.

FILÓSOFO: Exacto, es precisamente esa sensación de «no esperen nada de mí» lo que conecta con la demostración de incompetencia.

JOVEN: Entonces ¿lo que dicen es: «No esperen nada de mí, porque soy un incompetente»?

FILÓSOFO: Sí. Pierden toda esperanza y se desprecian a sí mismos desde lo más hondo de su corazón. Están convencidos de que no pueden solucionar nada. Así que, para evitar desesperarse aún más, intentan huir de las tareas escolares. Proclaman a todo el que quiera escucharlos: «Ya ven que soy un incompetente, no me asignen más tareas, soy incapaz de completarlas».

JOVEN: ¿Y lo hacen para evitar seguir sufriendo?

FILÓSOFO: Sí, porque si aceptan la tarea pensando que «quizás pueda hacerlo» y, al final, resulta que no es así, desearán haber pensado desde el principio que no podían hacerlo y no haberlo intentado. Así les resulta más fácil y evitan el riesgo de volver a decepcionarse a sí mismos.

JOVEN: Sí, entiendo cómo se sienten.

FILÓSOFO: Entonces, intentan demostrar por varios medios lo incompetentes que son. Actúan como si fueran idiotas de verdad, se muestran desmotivados ante todo y renuncian a intentar siquiera las tareas más sencillas. Al final, se acaban convenciendo a sí mismos de que son tontos.

JOVEN: Sí, es cierto que tengo alumnos que dicen que son tontos.

FILÓSOFO: Si lo pueden expresar verbalmente, probablemente solo se estén riendo de sí mismos. Lo cierto es que los niños que han llegado de verdad a la quinta fase podrían padecer alguna enfermedad mental por mucho que actúen como si fueran tontos. Cuando se descubren intentando hacer la tarea o pensar, pisan el freno. Y, entonces, sumidos en el pesimismo, rechazan la tarea y rechazan las expectativas de quienes los rodean.

JOVEN: ¿Cómo habría que tratar a estos niños?

FILÓSOFO: Lo que desean estos niños es: «No esperes nada de mí», «no te preocupes por mí» e incluso «abandóname». Cuanto más intentan ayudarlos sus padres y sus profesores, más extremos serán en su demostración de incompetencia. Por desgracia, no se puede hacer nada. Hay que acudir a un especialista, aunque hay que tener en cuenta que incluso a un especialista le resultará muy difícil ayudar a un niño que ha llegado a la fase de demostración de incompetencia.

JOVEN: Entonces los educadores tampoco podemos hacer mucho por ellos.

FILÓSOFO: En realidad, la mayoría de las conductas problemáticas se detienen en las luchas de poder de la tercera fase. Por lo tanto, los educadores tienen una labor muy importante: evitar que las conductas pasen de allí.

SI HAY CASTIGOS, ¿DESAPARECERÁN LOS DELITOS?

JOVEN: Las cinco fases de la conducta problemática. Sí, tengo que reconocer que es un análisis muy interesante. Primero buscas la admiración y haces todo lo que está en tu mano para llamar la atención de los demás. Si no lo consigues, libras luchas de poder que desembocan en el deseo de venganza. Y, por último, demuestras tu propia incompetencia.

FILÓSOFO: Y todo eso hunde sus raíces en el «sentimiento de pertenencia», es decir, en el objetivo de ocupar un lugar especial en la comunidad.

JOVEN: Sí, ese es un razonamiento muy de la psicología adleriana, centrado en las relaciones interpersonales. Asumamos que es así.

De todos modos, parece que has olvidado que íbamos a hablar de si regañar está bien o mal. Mira, lo cierto es que ya he puesto en práctica esta educación adleriana sin reprimendas. Hicieran lo que hicieran, esperaba sin hacer nada para ver si se daban cuenta de las cosas por sí mismos. A ver si adivinas qué pasó. ¡Exacto! ¡La clase se volvió un verdadero desmadre! ¡Nadie cumplía las normas!

FILÓSOFO: Así que optaste por regañar. ¿Han cambiado en algo las cosas desde que empezaste a regañar a tus alumnos?

JOVEN: Si les grito cuando hacen mucho ruido, se calman inmediatamente. Y cuando los regaño porque se han olvidado de hacer la tarea, veo que se preocupan y piensan en ello.

Sin embargo, no dura mucho. Al poco rato ya están alborotando otra vez y dejan de hacer la tarea.

FILÓSOFO: ¿Por qué crees que pasa eso?

JOVEN: ¡Ya te lo he dicho! ¡Es por Adler! Al principio, cuando decidí no regañar, cometí un error. Como empecé siendo afable y permitiéndoselo todo, ahora me miran con desdén y creen que no les voy a causar problemas, que dejaré que se salgan con la suya hagan lo que hagan.

FILÓSOFO: ¿Crees que la situación sería distinta si los hubieras regañado desde el principio?

JOVEN: Estoy convencido de que sí. Es de lo que más me arrepiento. La primera impresión es fundamental en todo lo que hacemos. Si el año que viene me asignan a otro grupo, les pienso gritar y ser estricto desde el primer día.

FILÓSOFO: Imagino que algunos de tus compañeros y superiores son muy estrictos, ¿no?

JOVEN: Sí. Bueno, ninguno llega al punto del castigo físico, por supuesto. Pero hay profesores que gritan sin cesar a los alumnos y los regañan usando un lenguaje muy severo. Se esfuerzan por hacer de «poli malo», se meten completamente en el papel del profesor. Llegaría a decir que son el modelo del profesor profesional.

FILÓSOFO: Pues me parece muy raro, la verdad. ¿Por qué gritan tanto esos profesores?

JOVEN: ¿Cómo que por qué? Porque los alumnos se portan mal.

FILÓSOFO: Ya, pero si regañar y gritar fuera una estrategia pedagógica efectiva, bastaría con hacerlo un par de veces al principio para que la conducta problemática cesara. ¿Por qué siempre acaban regañando? ¿Por qué tienen que poner siempre un semblante adusto y alzar la voz? ¿No te lo has preguntado nunca?

JOVEN: Bueno… ¡es que esos niños son imposibles!

FILÓSOFO: No, te equivocas. Esta es la prueba irrefutable de que regañar no es en absoluto una estrategia educativa eficaz. Incluso si empiezas regañando con severidad desde el primer día el año que viene, la situación no mejorará en absoluto. De hecho, lo más probable es que empeore.

JOVEN: ¿Que empeore?

FILÓSOFO: A estas alturas ya deberías entender que cuando adoptan esas conductas problemáticas, ya dan por sentado que los regañarás. Quieren que los regañes.

JOVEN: ¿Quieren que los regañe el profesor? ¿Les gusta? Claro, ahora resulta que son masoquistas. ¡Habla en serio de una vez!

FILÓSOFO: No me atrevería a decir que a nadie le guste que lo regañen. Sin embargo, sí que hay cierta gratificación heroica en poder decirse a uno mismo: «He hecho algo lo bastante especial para que me regañen». Entienden la regañada como una demostración de que son especiales.

JOVEN: No. Esto es una cuestión de ley y orden antes que de psicología humana. Alguien está haciendo algo malo ante tus ojos. Independientemente de cuál sea su objetivo, de lo que no cabe duda es de que está infringiendo una norma. Y el castigo es la consecuencia natural. Si no se castiga, no puede mantenerse el orden público.

FILÓSOFO: Entonces, ¿castigas para mantener la ley y el orden?

JOVEN: Claro. No es que me guste regañar a los alumnos, precisamente. Y tampoco los quiero castigar. Es obvio. ¿Quién querría hacer nada semejante? Sin embargo, el castigo es necesario. Por un lado, para mantener la ley y el orden. Y, por el otro, porque es un elemento disuasorio.

FILÓSOFO: ¿Qué quieres decir con lo de «elemento disuasorio»?

JOVEN: Imagina a un boxeador en el ring, por ejemplo. Aunque se encuentre en una situación complicada y no vea salida, no se le ocurrirá dar una patada o hacerle la zancadilla a su oponente, porque sabe muy bien que si lo hace, lo descalificarán. Por lo tanto, el castigo severo que es la descalificación lo disuade de infringir las normas. Si ese castigo no se aplicara en todos los casos, dejaría de ser disuasorio y los combates de boxeo dejarían de existir como tales. El castigo es lo único que evita el delito.

FILÓSOFO: Es un ejemplo muy interesante... Entonces,

¿por qué estos castigos severos (es decir, las reprimendas de los profesores) no funcionan como elementos disuasorios en el contexto educativo?

JOVEN: Hay opiniones de todo tipo al respecto. Los profesores más mayores añoran la época en que se permitía el castigo físico. Básicamente, dicen que los tiempos han cambiado y que, como los castigos se han suavizado, han perdido su función disuasoria.

FILÓSOFO: Ya veo. Ahora ahondaremos un poco más en por qué regañar no puede ser una estrategia pedagógica eficaz.

El joven reflexionó acerca de las cinco fases de la conducta problemática que le había presentado el filósofo. Ciertamente, las verdades que contenían eran una evaluación adecuada de la psicología humana y revelaban la grandeza de Adler. «De todos modos —pensó para sí—, soy el único adulto a cargo de los alumnos de mi aula y me corresponde a mí dar ejemplo en tanto que persona que vive en sociedad. Dicho de otro modo, si no se castigara a quienes comenten malos actos, la sociedad se desmoronaría. No soy un filósofo que se vale de las teorías para tratar a las personas como si fueran marionetas. Soy un educador y soy responsable del futuro de esos niños. ¡Este hombre es incapaz de entender el peso de esta responsabilidad para las personas que vivimos en el mundo real!»

VIOLENCIA COMO FORMA DE COMUNICACIÓN

JOVEN: ¿Por dónde empezamos?

FILÓSOFO: Imagina que dos de tus alumnos se empiezan a pelear en el aula. Una discusión sobre algo trivial se ha transformado en una pelea a puñetazos. ¿Qué harías con ellos?

JOVEN: Bueno, en una situación así, no les gritaría ni nada de eso. Escucharía con ecuanimidad lo que ambos tuvieran que decir. Esperaría a que se hubieran calmado y, entonces, les preguntaría cosas como qué había pasado, por qué habían empezado a discutir o por qué se estaban dando puñetazos.

FILÓSOFO: ¿Qué crees que responderían?

JOVEN: Bueno, imagino que algo parecido a «es que me ha llamado tal y cual y he explotado» o «me ha hecho una cosa horrible».

FILÓSOFO: ¿Y qué harías a continuación?

JOVEN: Pues después de que cada uno hubiera expuesto su versión de lo sucedido, determinaría cuál de los dos tenía la culpa y haría que se disculpara. Bueno, en realidad, creo que cuando dos se pelean, los dos lo han hecho mal, así que haría que se disculparan mutuamente.

FILÓSOFO: ¿Y crees que eso los satisfaría?

JOVEN: Bueno, evidentemente, creo que ambos preferirían no hacerlo. Pero me daría por satisfecho con que ambos llegaran al punto de reconocer que quizás tenían parte de culpa. Ya lo dice el refrán: «Dos no se pelean si uno no quiere». Es decir, si se han peleado, ha sido cosa de los dos.

FILÓSOFO: Muy bien. Ahora imagina que tuvieras la columna triangular.

JOVEN: ¿La columna triangular?

FILÓSOFO: Sí. Esa en la que en una cara se lee: «Esa mala persona». En otra se lee: «Pobre de mí». Y en la tercera: «¿Qué debería hacer a partir de ahora?». Escucha a tus alumnos mientras visualizas la columna triangular, de la misma manera que hacemos los terapeutas.

JOVEN: ¿Qué quieres decir?

FILÓSOFO: Me refiero a las razones que te han dado para explicar la pelea. «Me ha llamado tal y cual» o «me ha hecho una cosa horrible». Si lo planteas desde la perspectiva de la columna triangular, ¿acaso no es eso lo mismo que centrarse en «esa mala persona» y en «pobre de mí»?

JOVEN: Pues sí.

FILÓSOFO: Si solo les preguntas acerca de las causas de la pelea, por mucho que intentes ahondar en la cuestión, lo único que vas a obtener son excusas y renuncias de responsabilidad. Por el contrario, lo que deberías hacer es centrarte en sus objetivos y pensar junto a ellos: «¿Qué debería hacer a partir de ahora?».

JOVEN: ¿Que les pregunte por el objetivo de la pelea? ¿No por la causa?

FILÓSOFO: Vayamos paso a paso. Normalmente, los seres humanos nos comunicamos mediante el lenguaje, ¿sí?

JOVEN: Sí, como nosotros ahora mismo.

FILÓSOFO: ¿Y cuál dirías que es el objetivo, o el propósito, de la comunicación?

JOVEN: Diría que el objetivo es transmitir intenciones, transmitir qué tenemos en la mente.

FILÓSOFO: No. Transmitir no es más que la puerta de la comunicación. El objetivo final es llegar al consenso. Transmitir no tiene sentido en sí mismo. La comunicación no tiene sentido hasta que hemos entendido el contenido de lo que se ha transmitido y hemos llegado a cierto consenso al respecto. Por lo tanto, ahora estamos hablando con el objetivo de llegar a cierto consenso.

JOVEN: Pues será así, pero nos está costando bastante.

FILÓSOFO: Sí, cierto. La comunicación basada en el lenguaje necesita mucho tiempo y esfuerzo para llegar al consenso. Los demás no aceptan sin más nuestras exigencias egoístas, sino que necesitan recabar material que los persuada, como serían los datos objetivos. Además, en términos de certidumbre y de eficacia inmediata, el proceso comunicativo es muy poco rentable si tenemos en cuenta los costes en que incurre.

JOVEN: Sí, tienes muchísima razón. Es agotador.

FILÓSOFO: ¿Y qué hacen las personas cuando se cansan de discutir o cuando creen que no tienen posibilidades de ganar la conversación? ¿Lo sabes?

JOVEN: Bueno, imagino que no se rinden sin más, ¿no?

FILÓSOFO: No. Al final optan por otro medio de comunicación: la violencia.

JOVEN: ¡Esa sí que es buena! ¿Es ahí donde haces la conexión?

FILÓSOFO: La violencia nos permite imponer nuestras exigencias sin invertir demasiado tiempo ni esfuerzo. En otras palabras, sometemos al otro. Lo mires por donde lo mires, la violencia es un medio de comunicación vulgar. Sin embargo, antes de que lo califiques de inaceptable desde el punto de vista moral, hay que decir que es una forma de comunicación muy inmadura.

JOVEN: ¿Quieres decir que no deberíamos rechazar la violencia desde un punto de vista moral, sino porque es una conducta inmadura y absurda?

FILÓSOFO: Sí. Los criterios morales cambian con cada era y en cada situación. Juzgar a los demás en términos meramente morales es muy peligroso. Al fin y al cabo, ha habido momentos en que la violencia incluso se ha promovido. ¿Qué deberíamos hacer entonces? Tenemos que volver al principio. Tenemos que madurar. No podemos depender de la forma de comunicación inmadura que es la violencia. Tenemos que buscar otros tipos de comunicación. Da igual cuál haya sido la causa de la violencia, da igual qué haya dicho el otro o qué haya hecho para provocarnos. La violencia solo tiene un objetivo. En lo que deberíamos pensar es: «¿Qué debería hacer a partir de ahora?».

JOVEN: Ya veo. Es una manera muy interesante de ver la violencia.

FILÓSOFO: ¿Crees que puedes actuar como si esto no fuera contigo? ¿Como si esto tuviera que ver solo con los demás? Lo que acabo de decir también se te aplica a ti.

JOVEN: No, ni hablar. No soy una persona violenta. ¡Basta ya de acusaciones extrañas!

ENOJARSE Y REGAÑAR SON LO MISMO

FILÓSOFO: Imagina que estás discutiendo con alguien y que las cosas se tuercen. Estás en desventaja. O quizás ya eras consciente desde el principio de que tus argumentos no son del todo racionales.

Piensa en cómo las personas intentan imponer sus argumentos en momentos así. Quizás no con violencia real, pero sí con intentos reales de reprimir al otro, alzando la voz, dando golpes sobre la mesa o echándose a llorar. Este tipo de conducta también se ha de entender como una comunicación violenta y vulgar. Entiendes lo que te quiero decir, ¿no?

JOVEN: ¿Eres estúpido? ¡Claro, como me he exaltado y he alzado un poco la voz, ahora me insultas y me llamas inmaduro!

FILÓSOFO: No, la verdad es que no me importa demasiado cuánto alces la voz aquí. A lo que me refería es a la esencia de la conducta reprobatoria que eliges.

Te molesta tener que comunicarte con tus alumnos con palabras y los regañas para intentar obligarlos a someterse rápidamente. Usar la ira como arma, blandir las pistolas del reproche, empuñar la espada de la autoridad... Es una actitud inmadura y absurda para un educador.

JOVEN: ¡No! ¡No me enojo con ellos! ¡Los regaño!

FILÓSOFO: Muchos adultos se justifican así. Pero eso no cambia la realidad de que intentan someter a otra persona usando la fuerza violenta. De hecho, hasta se podría decir que es una excusa mezquina, porque contiene la conciencia de los adultos que se dicen a sí mismos que lo están haciendo bien.

JOVEN: ¡No es así en absoluto! Mira, la ira es una explosión de emoción en la que uno no puede hacer juicios serenos. A eso es a lo que me refiero, a que cuando los regaño, no me altero en absoluto. No me salgo de mis casillas, sino que los regaño de una manera serena y calculada. ¡No me metas en el mismo saco que a los que pierden el control y se encolerizan!

FILÓSOFO: Quizás sea así, pero por mucho que digas que eres como una pistola cargada con balas de salva, desde el punto de vista de los alumnos no hay diferencia alguna: los están apuntando con una pistola. Tanto si está cargada con munición real como si no, te estás comunicando con una pistola en la mano.

JOVEN: Vale, probemos otra cosa. Imagina que la otra persona es un delincuente despiadado y está armado con un cuchillo. Ha cometido un delito y te desafía a una pelea. Una de esas batallas para llamar la atención, una lucha por el poder, o como quieras llamarlo. ¿Qué hay de malo en comunicarse con una pistola en la mano? ¿De qué otra manera vamos a mantener la ley y el orden?

FILÓSOFO: ¿Qué deberían hacer los padres y los educadores cuando se encuentran con un niño problemático? Adler aconseja «renunciar a la postura de juez». No se te ha concedido el privilegio de emitir juicios. Tu trabajo no consiste en mantener la ley y el orden.

JOVEN: Entonces, ¿qué se supone que debo hacer?

FILÓSOFO: En lugar de preocuparte por la ley y el orden, lo que deberías hacer es proteger al niño que tienes delante de ti, al niño que presenta la conducta problemática. Los educadores son terapeutas y la terapia es reeducación. Ya hemos hablado de esto antes, ¿te acuerdas? Sería muy raro que un terapeuta sacase una pistola o algo parecido.

JOVEN: Ya, pero aun así...

FILÓSOFO: La violencia, que incluye las reprimendas, es una forma de comunicación que revela inmadurez como ser humano. Eso es algo que los niños entienden muy bien. Cuando los regañan, además del miedo ante la posibilidad de una reacción violenta, en el plano inconsciente perciben que «esa persona es inmadura».

Y esto es un problema mucho mayor de lo que puedan pensar los adultos. ¿Respetarías a una persona inmadura? ¿Puedes sentirte respetado de verdad por alguien que te amenaza de una manera violenta? No hay respeto en la comunicación con ira y con violencia. Por el contrario, este tipo de conducta suscita desprecio. Que las reprimendas no conducen a una mejoría importante es una verdad evidente. Acerca de esta cuestión, Adler afirma que «la ira es una emoción que aleja a las personas».

JOVEN: Mis alumnos no me respetan y, además, me desprecian, ¿es eso? ¿Porque los regaño?

FILÓSOFO: Sí, por desgracia, así es.

JOVEN: ¿Y qué sabrás tú, de todos modos? ¡No sabes cómo son las cosas en un contexto real!

FILÓSOFO: Sí, probablemente haya muchas cosas que no entiendo. Sin embargo, ese contexto real del que tanto hablas es, en esencia, ni más ni menos que otra versión del «esa mala persona» y del «pobre de mí» que está a su merced. No creo que esas palabras tengan más valor que el estrictamente necesario. Entran por un oído y salen por el otro.

JOVEN: ¡Aj!

FILÓSOFO: Si has reunido el valor necesario para mirarte al espejo y reflexionar honestamente acerca de qué significa la pregunta «¿qué debería hacer a partir de ahora?», avanzarás.

JOVEN: Así que, en tu opinión, no hago más que poner excusas.

FILÓSOFO: No. Seguramente esa no sea la palabra correcta. Lo que pasa es que te centras exclusivamente en cosas que no puedes cambiar y, entonces, te lamentas ante la imposibilidad de la tarea. En lugar de aferrarte a lo que no puedes cambiar, fíjate en lo que sí puedes cambiar y tienes delante de ti. ¿Conoces la Plegaria de la Serenidad que se ha ido transmitiendo oralmente en las sociedades cristianas?

JOVEN: Sí, claro: «Señor, concédeme la serenidad para aceptar las cosas que no puedo cambiar, el valor para cambiar las cosas que puedo cambiar y la sabiduría para conocer la diferencia».

FILÓSOFO: Reflexiona sobre esas palabras y, luego, vuelve a pensar: «¿Qué deberías hacer a partir de ahora?».

ELIGE LA VIDA QUE QUIERES VIVIR

JOVEN: De acuerdo. Imaginemos que acepto tu sugerencia y dejo de regañar a los alumnos y de preguntarles acerca de las causas de su conducta, y en lugar de eso les pregunto: «¿Qué deberían hacer a partir de ahora?». ¿Qué resultado obtendría? Ni siquiera tengo que pensarlo. Sería una sucesión de palabras tan bonitas como vacías: «No lo volveré a hacer», «a partir de ahora haré las cosas bien», etcétera.

FILÓSOFO: Si las palabras son forzadas, no servirá de nada, tienes razón. Con mucha frecuencia, obligamos a los demás a que escriban redacciones de disculpa o de introspección, pero lo único que motiva el escrito es el deseo de ser perdonado y eso nunca lleva a una introspección verdadera. Es muy poco probable que esos textos sean nada más que una demostración de autocomplacencia de quien los ha escrito. Pero, sea como sea, lo que yo cuestionaría es el modo de vida de la persona.

JOVEN: ¿Su modo de vida?

FILÓSOFO: Parafraseando a Kant, cuya disquisición acerca de la autonomía personal (a la que él llama «emancipación») es muy pertinente para el tema que nos ocupa: «Esta minoría de edad es culpable cuando la causa de la misma no radica en falta de entendimiento, sino de decisión y valor para servirse de ella sin la gula de otro, o sea, la emancipación implica resolución y valentía. Cada uno es responsable de quedar atrapado en la minoría de edad».

JOVEN: ¿Minoría de edad?

FILÓSOFO: Sí, es la condición de no alcanzar la verdadera emancipación. Kant usa la palabra «entendimiento» como una habilidad global que lo incluye todo desde la inteligencia a la sensibilidad.

JOVEN: No es que carezcamos de habilidad, sino que no disponemos del valor suficiente para usarla. Y por eso no podemos superar la minoría de edad.

FILÓSOFO: Exacto. Y luego Kant nos exhorta: «¡Tengan el valor de usar su propio entendimiento!».

JOVEN: ¡Bah! Suena igual que Adler, ¿verdad?

FILÓSOFO: Entonces, la siguiente pregunta es: ¿Por qué la gente intenta mantenerse en esa minoría de edad? O dicho de otro modo, ¿por qué la gente rechaza la autonomía, la emancipación? ¿Qué opinas?

JOVEN: ¿Podría ser por cobardía?

FILÓSOFO: Sí, en algunos casos, sí. Pero vuelve a las palabras de Kant. Es más fácil vivir según la «gula de otro». Si nos dejamos guiar por otro, no tenemos que pensar en cosas difíciles y tampoco nos hacemos responsables del fracaso. Lo único que tenemos que hacer es jurar fidelidad a alguien y ese alguien se ocupará de todo lo complicado. Esto pasa con los niños en la familia y en la escuela, pero también con miembros de la sociedad que trabajan en empresas o en el Gobierno y con los clientes que acuden a terapia. ¿No crees?

JOVEN: Sí, supongo...

FILÓSOFO: Es más, como quieren mantener a los niños en esa minoría de edad, los adultos usan todas las estrategias imaginables para adoctrinarlos respecto a los peligros, los riesgos y lo pavoroso de la emancipación.

JOVEN: ¿Por qué?

FILÓSOFO: Para mantenerlos bajo control.

JOVEN: ¿Y por qué querrían hacer algo así?

FILÓSOFO: Esta es una pregunta acerca de la que quizás deberías reflexionar detenidamente. Porque, sin darte cuenta, tú también te estás interponiendo entre tus alumnos y su autonomía.

JOVEN: ¿Yo?

FILÓSOFO: Sí, que no te quepa duda. Hagan lo que hagan, los padres primero y los educadores después interfieren y sobreprotegen demasiado a los niños. En consecuencia, acaban criando a niños incapaces de decidir nada por sí solos, que necesitan la guía constante de otros. Crían a personas que siempre tendrán mentes infantiles, que serán incapaces de hacer nada sin que otros les digan cómo hacerlo, por mucho que sean adultos en cuestión de edad. Se mire como se mire, eso no es autonomía, no es emancipación.

JOVEN: No, ni hablar. Yo quiero que mis alumnos sean, como mínimo, autónomos. ¿Por qué iba a ponerles palos en las ruedas?

FILÓSOFO: ¿No lo ves? Porque tienes miedo a permitir que sean autónomos.

JOVEN: ¿Qué? ¿Cómo?

FILÓSOFO: Si tus alumnos se vuelven autónomos y se colocan en una posición de igualdad frente a ti, tu autoridad desaparecerá. Has construido una relación vertical con tus alumnos y temes que esa relación se hunda. Este miedo inconsciente es común no solo entre los educadores, sino también entre muchos padres y madres.

JOVEN: No, yo no...

FILÓSOFO: Y otra cosa. Cuando los niños fracasan, y sobre todo cuando molestan a otros, es normal que te pidan responsabilidades. Es tu responsabilidad como educador y como supervisor, y si eres padre o madre, es tu responsabilidad como tal. ¿Lo ves?

JOVEN: Sí, claro.

FILÓSOFO: ¿Qué podemos hacer para evadir esa responsabilidad? La respuesta es muy sencilla: controlar a los niños. Les permitimos que emprendan únicamente los senderos más seguros y sin peligro, no les permitimos aventura alguna. Los mantenemos bajo nuestro control tanto como podemos. Y no lo hacemos para protegerlos a ellos. Lo hacemos para protegernos a nosotros mismos.

JOVEN: Porque no queremos que nos hagan responsables de su fracaso.

FILÓSOFO: Sí, eso es. Y precisamente por eso es tan importante que las personas en puestos educativos y los líderes de las organizaciones defiendan siempre el objetivo de la autonomía.

JOVEN: Para no dejarse llevar por el instinto de autoprotección.

FILÓSOFO: Sucede lo mismo con la terapia. Cuando estamos en un proceso de terapia, los terapeutas debemos ser muy cuidadosos y no poner al cliente en una posición de «dependencia» o de «falta de responsabilidad». La terapia que permite que el cliente diga «gracias, ya estoy mejor» no resuelve nada. Porque, dicho de otro modo, lo que dice en realidad es: «No puedo hacer nada solo».

JOVEN: ¿El cliente depende de su terapeuta?

FILÓSOFO: Sí. Y lo mismo se puede decir de ti, es decir, de los educadores. Los educadores que permiten a sus alumnos decir cosas como «me he podido graduar gracias a ti» o «si he aprobado los exámenes, ha sido gracias a ti» no han proporcionado educación en el sentido más estricto de la palabra. Hay que conseguir que los alumnos desarrollen la conciencia de que tienen la capacidad de conseguir cosas por sí mismos.

JOVEN: Pero…

FILÓSOFO: Los educadores son criaturas solitarias. Sus alumnos abandonan la escuela por sí mismos y nadie los felicita ni valora su esfuerzo. Nadie les muestra gratitud.

JOVEN: Entonces, ¿hay que aceptar esa soledad?

FILÓSOFO: Sí. En lugar de esperar la gratitud de los alumnos, el educador tiene la sensación de haber contribuido al gran objetivo de la emancipación, de haber puesto su granito de arena. Y esa sensación de haber contribuido suscita felicidad. Es la única manera.

JOVEN: La sensación de haber contribuido…

FILÓSOFO: Como seguramente te dije hace tres años, la esencia de la felicidad reside en la colaboración, en la sensación de haber contribuido. Has de saber que si esperas recibir gratitud de tus alumnos, si anhelas escuchar ese «gracias a ti he…», te estás interponiendo en su camino a la autonomía.

JOVEN: Entonces, concretando, ¿cómo se puede proporcionar una educación que no ponga a los niños en una posición de dependencia o de falta de responsabilidad? ¿Cómo los podemos ayudar a lograr la verdadera autonomía? Dame ejemplos concretos, no más abstracciones. De otro modo, no lo podré aceptar.

FILÓSOFO: De acuerdo. Mira, imagina que un niño pregunta: «¿Puedo ir a casa de mi amigo a jugar?». Los padres le dan permiso («sí, claro») y, acto seguido, imponen la condición: «En cuanto hayas hecho la tarea». Y habrá otros que se lo prohíban directamente. Ambas conductas colocan al niño en una posición de dependencia y de falta de responsabilidad.

Por el contrario, podrían enseñar algo al niño si le dicen: «Decídelo tú». Podrían enseñarle que cada uno decide la vida que quiere vivir y las acciones cotidianas que ha de emprender. Y si decidir cosas exige ciertos ingredientes (conocimiento y experiencia, por ejemplo), se le proporcionan. Así es como deberían ser los educadores.

JOVEN: Que lo decidan ellos... ¿Tienen criterio para eso?

FILÓSOFO: Si lo dudas, es que aún no los respetas lo suficiente. Si los respetaras de verdad, deberías poder dejar que lo decidieran todo ellos.

JOVEN: ¿Y si eso lleva a un error irreparable?

FILÓSOFO: Puede pasar exactamente lo mismo cuando son los padres y los educadores quienes les marcan el camino. ¿Cómo puedes tener la certeza de que si deciden por sí mismos fracasarán, pero que si se les dice por dónde han de caminar tendrán éxito?

JOVEN: Pero eso es...

FILÓSOFO: Cuando los niños se equivocan, se pone en tela de juicio tu responsabilidad. Pero ese no es el tipo de responsabilidad por el que uno apostaría la vida. La responsabilidad, en el verdadero sentido de la palabra, es algo que solo puede asumir uno mismo. Eso es lo que llevó a la idea de la separación de tareas. La idea que, en otras palabras, dice: «¿Quién recibirá el resultado final de la decisión que se tome?». Si tú no eres la persona que ha de recibir la responsabilidad final, no debes intervenir en la tarea del otro.

JOVEN: ¿Me estás diciendo que tengo que dejar a los niños a su suerte?

FILÓSOFO: No, no es eso. Lo que digo es que has de tener en cuenta las decisiones de los niños y ayudarlos cuando las hayan tomado. Y transmitirles que siempre estás ahí, dispuesto a ayudarlos, además de supervisarlos desde una distancia que te permita ayudarlos sin estar encima de ellos. Si las decisiones acaban saliendo mal, los niños habrán aprendido de ti la verdad de que «cada uno elige la vida que quiere vivir».

JOVEN: Cada uno elige la vida que quiere vivir...

FILÓSOFO: Sí... «Cada uno elige la vida que quiere vivir». Ese ha sido el tema global de nuestra conversación hoy, así que asegúrate de grabártelo en la memoria. Eso, escríbelo en la libreta.

Ahora hagamos un breve descanso. Reflexiona acerca de la actitud con la que tratas a tus alumnos.

JOVEN: No, no necesito descansar. ¡Sigamos!

FILÓSOFO: A partir de ahora, el diálogo exigirá que nos concentremos aún más. Y, para concentrarse, uno ha de descansar cuando toca. Voy a preparar café. Aprovecha para serenarte un poco y asimilar lo que hemos estado hablando.

Parte III

DEL PRINCIPIO DE LA COMPETENCIA AL PRINCIPIO DE LA COOPERACIÓN

El objetivo de la educación es promover la «autonomía». Y el educador es un «terapeuta». Al principio, el joven entendía ambos términos según las definiciones tradicionales de los mismos y no había dedicado demasiado tiempo a pensar en ellos. Sin embargo, a medida que la conversación iba avanzando, sentía que tenía cada vez más dudas en relación con su propia política educativa. «¿Me he equivocado con mi estrategia de ley y orden? ¿He tenido miedo y me he interpuesto en el camino de mis alumnos hacia la autonomía? No, no puede ser... He promovido su autonomía desde el principio, estoy seguro». El filósofo permanecía sentado frente a él, acariciando con suavidad su pluma fuente. «¡Míralo! Tan distante y ufano...» El joven se humedeció los labios, resecos, en el café y empezó a hablar con voz atormentada.

NIEGA EL DESARROLLO BASADO EN EL ELOGIO

JOVEN: El educador no ha de ser un juez, sino un terapeuta que siempre esté ahí para el niño. Y regañar es una conducta que solo revela inmadurez y suscita desprecio. El objetivo final de la educación es la autonomía del alumno, y no debemos interferir en ese proceso. De acuerdo. De momento, aceptaré que no hay que regañar. Pero solo si respondes a mi siguiente pregunta.

FILÓSOFO: ¿Y cuál es tu siguiente pregunta?

JOVEN: Una de las conversaciones recurrentes con los compañeros y con los padres es si la crianza basada en el elogio y el castigo está bien o mal. Huelga decir que la crianza basada en el castigo no es popular en absoluto. Parece que es la tendencia actual, y muchas personas la rechazan por cuestiones morales. Yo mismo estoy de acuerdo con esta postura, porque regañar y castigar no es algo que me apetezca hacer. Por el contrario, la crianza basada en el elogio tiene muchísimos seguidores. Casi nadie la rechaza directamente.

FILÓSOFO: Ya me lo supongo.

JOVEN: Sin embargo, Adler sí que rechaza el elogio. Hace tres años, cuando te pregunté por qué, me dijiste que «el acto de elogiar es el juicio que una persona capaz hace acerca de una persona incapaz con el objetivo de manipularla». Por lo tanto, no hay que elogiar.

FILÓSOFO: Sí, eso dije.

JOVEN: Me lo creí y dejé de elogiar por completo, pero solo duró hasta que un alumno hizo que me diera cuenta de mi error.

FILÓSOFO: ¿Un alumno?

JOVEN: Sí, hace ya unos meses. Uno de los niños más problemáticos me entregó una redacción sobre un libro. Era un trabajo libre que habían tenido que hacer durante las vacaciones de verano y, para mi sorpresa, había leído *El extranjero*, de Camus. Sin embargo, aún me sorprendí más cuando leí lo que había escrito. Era una redacción maravillosa, que destilaba la frescura y la sensibilidad que solo tienen los niños sensibles en plena pubertad. La leí y, sin darme cuenta, se me escapó un elogio. «¡Muy buen trabajo! No tenía ni idea de que eras capaz de escribir tan bien. La opinión que tenía de ti ha cambiado por completo».

FILÓSOFO: Ya veo.

JOVEN: En cuanto lo hube dicho, supe que me había equivocado. Todo ello, y sobre todo eso de «la opinión que tenía de ti ha cambiado por completo», rebosaba del juicio desde la superioridad del que habla Adler. Supongo que se podría decir que lo había estado subestimando.

FILÓSOFO: Sí, porque, de otro modo, esas palabras no habrían salido de tu boca.

JOVEN: Sea como sea, lo cierto es que lo elogié. Y, por si eso no fuera suficiente, lo hice con palabras que emitían un juicio evidente. Sin embargo, ¿cómo crees que reaccionó este niño tan problemático cuando oyó esas palabras? ¿Acaso crees que se enojó? Ojalá te pudiera enseñar la cara que puso... Me ofreció una sonrisa radiante, me sonrió como no me había sonreído jamás. ¡Era la sonrisa de un niño puro e inocente!

FILÓSOFO: Ah.

JOVEN: Fue como si la niebla que había estado envolviendo mi cerebro se levantara de repente. Así que me dije: «Pues vaya con Adler, gracias a él y a su charlatanería he estado educando de una manera que hacía imposible esta sonrisa, esta alegría. ¿Qué tipo de educación es esa?».

FILÓSOFO: Y entonces empezaste a elogiar.

JOVEN: Por supuesto que sí. Empecé a elogiar sin vacilar lo

más mínimo. Y no solo a él, sino también al resto de los alumnos. Y cuando empecé a hacerlo, pareció que se alegraban y su rendimiento mejoró. Cuanto más los elogiaba, más motivados parecían. Solo podía entenderlo como un ciclo de crecimiento positivo.

FILÓSOFO: Obtenías resultados excelentes, entonces.

JOVEN: Sí. Tampoco creas que elogiaba sin ton ni son. Elogiaba en función de cuánto se esforzaban y de los resultados que obtenían. De otro modo, no hubieran sido elogios, sino mentiras. El niño problemático que escribió la redacción sobre el libro ahora es un ratoncito de biblioteca. Lee un libro detrás de otro y luego escribe redacciones sobre lo que lee. Me parece maravilloso cómo los libros pueden ampliar nuestro mundo. Creo que, muy pronto, la biblioteca de la secundaria le quedará pequeña y empezará a ir a la de la universidad. ¡La misma biblioteca donde yo trabajaba antes!

FILÓSOFO: Si lo hace, será verdaderamente impresionante.

JOVEN: Lo sé, lo sé. Y estoy seguro de que a ti no te parecerá bien, que dirás que está buscando admiración y que, en realidad, está en la primera fase de la conducta problemática. Sin embargo, la realidad es muy distinta. Incluso si, al principio, su objetivo era que lo elogiara, muy pronto descubrió por sí mismo la alegría de aprender y prosperar. Estoy seguro de que acabará la secundaria y saldrá al mundo por su propio pie. Y esa es la autonomía de la que habla Adler, ¿o no?

FILÓSOFO: ¿Estás seguro?

JOVEN: ¿Por qué no lo quieres reconocer? Digas lo que digas, gracias a los elogios, los alumnos recuperaron la sonrisa y la ambición. Esta es la educación que ofrezco con la calidez de mi corazón y de mi alma a seres humanos de carne y hueso que habitan en el mundo real. ¿Me puedes decir dónde está la calidez en la educación de Adler? ¿Dónde están las sonrisas?

FILÓSOFO: ¿Qué te parece si lo pensamos juntos? ¿Por qué deberíamos ceñirnos al principio de «no elogiar» en el entorno educativo? Si hay niños que lo disfrutan y que se benefician de ello, ¿por qué no podemos elogiar? ¿Qué tiene de malo elogiar?

JOVEN: Me pregunto con qué ocurrencia saldrás ahora. Quiero que sepas que no te haré ninguna concesión. Si vas a revisar tus argumentos, este es el momento de hacerlo.

LA RECOMPENSA PROMUEVE LA COMPETICIÓN

FILÓSOFO: Antes he comentado que el aula es, o debería ser, un país democrático. Lo recuerdas, ¿verdad?

JOVEN: ¡Ja, ja! ¿Cuando has empezado a acusar a los educadores de fascistas? Imposible olvidarlo.

FILÓSOFO: Luego he comentado que una organización sometida a un dictador no puede escapar de la corrupción. Si ahondamos un poco en por qué es así, también esclareceremos el motivo por el que no habría que elogiar.

JOVEN: De acuerdo, vamos a discutir el tema.

FILÓSOFO: En una comunidad gobernada como una dictadura en vez de como una democracia consolidada, todas las normas sobre lo que está bien o mal dependen por completo de la discreción del dictador. Esto sucede en los países, claro, pero también en las organizaciones corporativas, en las familias y en las escuelas. En estas comunidades, las normas se aplican de un modo bastante arbitrario.

JOVEN: Ah, sí. Las empresas con una estructura jerárquica vertical son el epítome de ello.

FILÓSOFO: Por otro lado, y aunque cabría pensar que los ciudadanos detestan a los dictadores, no siempre es así. De hecho, es muy probable que, en la mayoría de los casos, cuenten con el ardiente apoyo de la población. ¿Por qué crees que sucede?

JOVEN: ¿Porque los dictadores acostumbran a ser carismáticos?

FILÓSOFO: No, no es por eso. Eso es un motivo secundario, superficial. El motivo principal es la existencia de un sistema despiadado de recompensa y castigo.

JOVEN: ¿Sí? ¿Cómo?

FILÓSOFO: Cuando alguien infringe las normas, se le castiga severamente. Y cuando las cumple, se le elogia. Y se le reconoce. En otras palabras, la población no obedece porque apoye la personalidad, los pensamientos o las creencias del líder, sino porque tiene un objetivo: evitar el castigo y conseguir el elogio.

JOVEN: Bueno, claro. El mundo funciona así.

FILÓSOFO: El problema es el siguiente: cuando los habitantes de una comunidad comparten el objetivo de ser elogiados, comienzan a competir. Se molestan cuando elogian a otros y se enorgullecen cuando los elogian a ellos. Se empiezan a preocupar por ser los primeros en ser elogiados y también por ser quienes reciban los máximos elogios. Y, además, aspiran a monopolizar el favor del líder. De este modo, la comunidad acaba sometida al principio de la competencia por la recompensa.

JOVEN: Te estás yendo por las ramas. No te gusta la competencia, es ahí a donde quieres llegar, ¿no?

FILÓSOFO: ¿A ti te gusta la competencia?

JOVEN: Sí, me gusta muchísimo. Y me parece que has decidido centrarte únicamente en sus aspectos negativos. Piénsalo más en general. Tanto si se trata del trabajo en la escuela, como de arte, de eventos deportivos o de nuestras actividades económicas una vez que entramos en la sociedad, todo lo que conseguimos se debe a que nuestros rivales nos pisan los talones y nos motivan a perseverar y a esforzarnos más. El principio de la competencia alimenta la energía que hace avanzar a la sociedad.

FILÓSOFO: ¿Sí? ¿Qué crees que pasa cuando los niños se ven sometidos al principio de la competencia y se ven obligados a competir entre ellos? Nuestra competencia es el enemigo. Al poco tiempo, los niños adoptan un estilo de vida basado en la creencia de que todos los demás son sus enemigos, de que los demás les quieren poner la zancadilla siempre y de que nunca deben subestimar al otro.

JOVEN: ¿Por qué tienes que ser tan pesimista? No tienes ni idea de hasta qué punto la existencia de un rival puede llegar a estimular el crecimiento humano. Ni de hasta qué punto un rival puede ser un buen amigo en el que apoyarse. Imagino que te has pasado la vida absorto en cuestiones filosóficas, una vida solitaria, sin amigos ni rivales. Si te digo la verdad, creo que me empiezas a dar algo de pena.

FILÓSOFO: Acepto sin reservas lo valioso que es tener un amigo fiel al que podamos llamar rival. Sin embargo, no es en absoluto necesario que compitamos con ese rival. No debemos competir con él.

JOVEN: A ver, ¿quieres decir que aceptas la existencia de rivales, pero no de la competencia? ¿No ves que te estás contradiciendo otra vez?

LA ENFERMEDAD DE LA COMUNIDAD

FILÓSOFO: No, no hay ninguna contradicción ni nada parecido. Piensa en la vida como en un maratón. Los que corren junto a ti son tus rivales y eso no supone ningún problema porque, de hecho, pueden actuar como estímulo y ofrecer cierta seguridad. Sin embargo, en cuanto uno se plantea el objetivo de derrotar al rival, la situación cambia por completo.

El objetivo, que debería ser llegar a la meta o mejorar nuestra propia marca, se transforma en el objetivo de derrotar al otro. El rival, que debería ser nuestro más fiel amigo, se transforma en un enemigo al que hay que aplastar. Y eso trae consigo todo tipo de prácticas y actitudes poco ortodoxas en lo concerniente a la victoria que pueden llegar incluso al perjuicio y a la conducta injusta. Incluso cuando la carrera ya ha terminado, uno es incapaz de celebrar la victoria del rival y sufre por la envidia y la sensación de inferioridad.

JOVEN: ¿Y es por eso que la competencia es inaceptable?

FILÓSOFO: Siempre que hay competencia, hay artimañas e injusticia. No hace falta derrotar a nadie. ¿Es que no basta con acabar la carrera?

JOVEN: ¿Cómo puedes ser tan ingenuo? Es imposible que creas eso de verdad.

FILÓSOFO: Bueno, entonces dejemos a un lado el ejemplo del maratón y volvamos a la sociedad real. A diferencia de un maratón, donde los participantes compiten por lograr el mejor tiempo, en una comunidad gobernada por un líder dictatorial, los criterios para la victoria no están tan claros. En un aula se toman decisiones basadas en cuestiones que van más allá de los exámenes y de la tarea. Y si los criterios de evaluación no están claros, el mundo estará repleto de personas que impiden el progreso de sus camaradas, que se atribuyen el trabajo de los demás y que adulan a los líderes para acaparar todo su reconocimiento. Estoy seguro de que lo has visto en tu trabajo, ¿a que sí?

JOVEN: Eh, sí, supongo que sí.

FILÓSOFO: Para evitar que se den situaciones de este tipo, la organización ha de aplicar una democracia real donde no haya ni recompensas ni castigos, donde no haya competencia. Piénsalo, por favor: educar intentando manipular a los alumnos con la recompensa y el castigo no podría estar más lejos de una democracia.

JOVEN: Entonces dime una cosa. ¿Qué es la democracia para ti? ¿Cómo debería ser una organización para que la consideraras democrática?

FILÓSOFO: Sería una comunidad que funcionara a partir del principio de la colaboración, no de la competencia.

JOVEN: ¿El principio de la colaboración?

FILÓSOFO: Consiste en anteponer la colaboración con los compañeros a todo lo demás, en lugar de encumbrar la competencia. Si aprendes a gestionar el aula según el principio de la colaboración, lo más probable es que tus alumnos adopten un estilo de vida en el que vean a los demás como a «camaradas».

JOVEN: ¡Ja, ja, ja! ¿Llevémonos bien y hagamos lo que podamos? ¡Eso ya no se sostiene ni en la guardería!

FILÓSOFO: Imagina que un chico presenta reiteradamente conductas problemáticas. Muchos educadores se plantearían qué hacer con él. Se preguntarían cuál es la mejor estrategia, si elogiarlo, regañarlo o hacerle caso omiso, o si quizás deberían tirar por otra vía. Entonces lo llamarían a la sala de profesores y hablarían con él individualmente. Pero se equivocarían.

JOVEN: ¿Por qué?

FILÓSOFO: El problema es que el principio de la competencia ha calado en toda la clase, no que el niño se haya empezado a portar mal porque sea malo. Por ejemplo, si hablásemos de neumonía, no sería que él la hubiera contraído individualmente, sino que toda la clase la sufría desde el principio. Y su conducta problemática no es más que un síntoma de ello. Así es como discurre la psicología adleriana.

JOVEN: ¿Toda la clase está enferma?

FILÓSOFO: Sí, y la enfermedad se llama «principio de la competencia». Los educadores han de examinar la comunidad en la que ha surgido la conducta problemática en lugar de centrarse únicamente en la persona que la presenta. Y luego, en vez de tratar solo a esa persona, tendrían que tratar a toda la comunidad.

JOVEN: ¿Cómo se trata a toda una clase que ha contraído neumonía?

FILÓSOFO: Para empezar, dejando de recompensar y de castigar. Así se acaba con la competencia de un plumazo. Hay que eliminar el principio de la competencia del aula. Es la única manera.

JOVEN: ¡Eso es imposible y, además, sería contraproducente! ¿O acaso te has olvidado de que ya he probado la educación sin elogios y no ha funcionado?

FILÓSOFO: Sí, lo tengo presente. Creo que ahora es un buen momento para que nos detengamos un instante a repasar todo aquello de lo que hemos hablado. Para empezar, el principio de la competencia (competir por la fuerza y el rango) siempre da lugar a relaciones verticales, porque crea ganadores y perdedores, así como las relaciones jerárquicas que existen entre ellos.

JOVEN: Vale.

FILÓSOFO: Por el contrario, las relaciones horizontales que defiende la psicología adleriana están imbuidas del principio de la colaboración. No se compite con nadie y no hay ni ganadores ni perdedores. Ya no importa que haya diferencias de conocimiento o de capacidad entre uno y los demás. Todas las personas son iguales, al margen del desempeño académico o laboral. Si la comunidad tiene sentido, es gracias a la colaboración con los demás.

JOVEN: Entonces, ¿te refieres a esto cuando hablas de países democráticos?

FILÓSOFO: Sí, la psicología adleriana es una psicología democrática basada en las relaciones horizontales.

COMENZAMOS LA VIDA COMO SERES INCOMPLETOS

JOVEN: De acuerdo, tengo claros los puntos de conflicto. Afirmas que no es un problema de la persona, sino del aula en su conjunto, y que el principio de la competencia que ha calado en el aula es el origen de todo el mal.

Yo, por el contrario, me centro en la persona. ¿Por qué? Bueno, tomaré prestadas tus palabras y te diré que lo hago por respeto. Todos y cada uno de los alumnos son seres humanos espléndidos y de personalidades únicas. Hay alumnos de todo tipo: unos son tranquilos y obedientes; otros, ruidosos e inteligentes, y aun otros, serios o con un temperamento muy fuerte. No son un conjunto homogéneo sin rasgos individuales.

FILÓSOFO: Sí, eso es cierto, no me cabe duda.

JOVEN: Pero tú, aunque hablas de democracia, no miras a cada niño como el individuo que es, sino que los ves a todos en su conjunto, en tanto que grupo. Además, predicas que todo cambiará si cambiamos el sistema. ¡Eso es lo más comunista que he oído!

Mi opinión es muy distinta. Me da igual que el sistema sea democrático, comunista o lo que sea. Trataré la neumonía de cada individuo, no la de toda la clase.

FILÓSOFO: Porque eso es lo que has hecho siempre.

JOVEN: Entonces, concretamente, ¿cómo tratas tú la neumonía? Este es otro punto de conflicto entre nosotros. Yo la trato mediante la aprobación. Satisfaciendo la necesidad de aprobación de los alumnos.

FILÓSOFO: Hum.

JOVEN: Sí, lo entiendo. De verdad que entiendo los argumentos que te llevan a negar la necesidad de aprobación. Pero yo la acepto activamente y he llegado a esa conclusión a partir de la experiencia directa, por lo que no es un tema en el que vaya a ceder así como así. Mientras buscan la aprobación, los niños enferman de los pulmones y quedan ateridos de frío.

FILÓSOFO: ¿Te importaría explicarme cómo has llegado a esta conclusión?

JOVEN: La psicología adleriana niega la necesidad de aprobación. ¿Por qué? Porque como anhelamos ser aceptados por los demás, alguien con una necesidad imperiosa de aprobación vivirá según los deseos del otro sin ser consciente de ello. En otras palabras, vivirá la vida de otro.

Sin embargo, no vivimos para satisfacer las expectativas de los demás. Tanto si el otro es nuestro profesor como nuestro padre o nuestra madre, o quien sea, no debemos elegir nuestro modo de vida a partir de sus expectativas. ¿Lo he entendido bien?

FILÓSOFO: Sí.

JOVEN: Si nos preocupamos continuamente por cómo nos juzgan los demás, somos incapaces de vivir nuestra vida. Adoptamos un modo de vida que ya no es libre. Tenemos que ser libres. Y si aspiramos a la libertad, no podemos buscar la aprobación… ¿Me equivoco?

FILÓSOFO: No, en absoluto.

JOVEN: Es una historia maravillosa, una historia muy valiente. Sin embargo, la triste realidad es que no somos tan fuertes. Hasta tú lo entenderías si vieras la situación real del día a día de los alumnos. Se esfuerzan al máximo en parecer duros, pero por dentro son muy inseguros. No hay manera de que tengan seguridad en sí mismos y se sienten inferiores a los demás. Necesitan la aprobación de otros.

FILÓSOFO: Sí, es exactamente así.

JOVEN: ¡No me des la razón como a los tontos, Sócrates anticuado! Mira, hablas de las personas como si fueran estatuas de David.

FILÓSOFO: ¿Estatuas de David?

JOVEN: Sí, ya sabes, la estatua de Miguel Ángel. Es la representación ideal del cuerpo humano, con proporciones y músculos perfectos, sin un gramo de grasa sobrante. Pero es una imagen del ideal supremo que carece de carne y de sangre, no es un ser humano que exista en realidad. Las personas reales sufren dolores de estómago y sangran. ¡Siempre hablas de la gente como si fueran un ideal estatuario, el David ideal!

FILÓSOFO: Es una manera de verlo muy interesante.

JOVEN: Por el contrario, yo te hablo de personas reales. Hablo de niños sensibles y muy individualistas que son torpes y tienen la piel muy fina los mires por donde los mires. Tengo que satisfacer la necesidad de aprobación de cada uno de ellos individualmente y de un modo saludable. En otras palabras, tengo que elogiarlos. De otro modo no podrán recuperar el valor que han perdido.

Llevas la máscara de hombre virtuoso, pero mantienes a los débiles a distancia. Tienes teorías idealistas para los héroes y los valientes, pero no tienes nada que ofrecer a las personas reales.

FILÓSOFO: Ya veo. Es posible que mis palabras hayan sonado como teorías idealistas y muy poco prácticas, pero esa no era mi intención en absoluto. La filosofía ha de ser una exploración con los pies firmemente anclados en el suelo y con la conciencia de que los ideales que perseguimos no son más que eso: ideales. Intentaré explicarte de otro modo por qué la psicología adleriana no acepta la necesidad de aprobación.

JOVEN: Ya, intentas justificarlo todo, ¡como Sócrates!

FILÓSOFO: La clave está en algo que acabas de mencionar: el sentimiento de inferioridad.

JOVEN: Hum. ¿Quieres hablar del sentimiento de inferioridad? Muy bien. Soy todo un experto en el tema, ¿lo sabías?

FILÓSOFO: En primer lugar, todos los seres humanos sin excepción viven su infancia sumidos en un sentimiento de inferioridad. Esta es una de las premisas principales de la psicología adleriana.

JOVEN: ¿Sin excepción?

FILÓSOFO: Sí, sin excepción. El ser humano es, probablemente, el único ser vivo cuyo cuerpo tarda más en crecer que la mente. Aunque otras criaturas desarrollan la mente y el cuerpo más o menos a la misma velocidad, los seres humanos son los únicos en que la mente se desarrolla antes que el cuerpo. En cierto sentido, es como si viviéramos atados de pies y manos. La mente es libre, pero el cuerpo, no.

JOVEN: Es un punto de vista interesante.

FILÓSOFO: En consecuencia, los niños tienen que gestionar la brecha entre lo que la mente los impulsa a hacer y las limitaciones físicas de lo que pueden hacer en realidad. Los adultos que los rodean pueden hacer cosas de las que ellos aún son incapaces. La estantería donde los adultos ponen objetos está fuera de su alcance. No pueden levantar las piedras que los adultos alzan con facilidad. Y no pueden hablar de lo que hablan los adultos. Los niños experimentan esta sensación de impotencia, o quizás podríamos decir de «incompletitud», y por lo general no pueden evitar sentirse inferiores.

JOVEN: Así que comienzan sus vidas como seres incompletos.

FILÓSOFO: Eso es. Por supuesto, los niños no son personas incompletas. Lo que sucede es que sus cuerpos aún no se han puesto a la par de sus mentes. Pero los adultos solo atienden a sus necesidades físicas y los tratan como si fueran bebés. No se fijan en sus mentes. Por lo tanto, es natural que desarrollen un sentimiento de inferioridad. Aunque sus mentes no son tan distintas de las de un adulto, su valor humano no se reconoce aún.

JOVEN: Todas las personas comenzamos como seres incompletos, por lo que todo el mundo experimenta sentimientos de inferioridad. Es un punto de vista bastante negativo.

FILÓSOFO: No todo es malo. Ese sentimiento de inferioridad siempre ha estimulado el esfuerzo y el crecimiento, no es un problema.

JOVEN: ¿Ah, no?

FILÓSOFO: Si las piernas del ser humano fueran tan veloces como las de un caballo, es muy posible que nunca hubiéramos inventado el carro tirado por caballos y quizás ni siquiera el automóvil. Si pudiéramos volar como pájaros, no habríamos inventado el avión. Y si tuviéramos el pelaje de un oso polar, tampoco habríamos inventado la ropa. Del mismo modo, si nadásemos como delfines, no hubiéramos necesitado ni barcos ni brújulas.

La civilización es el resultado de la necesidad de compensar las carencias biológicas del ser humano, y la historia de la especie humana es una historia de triunfo sobre la inferioridad.

JOVEN: Es decir, si los seres humanos hemos sido capaces de construir la civilización, es gracias a que somos débiles.

FILÓSOFO: Exacto. Y siguiendo con la extrapolación, los seres humanos también crean comunidades y entablan relaciones de cooperación gracias a esa debilidad. Vivimos en grupo desde la era de los cazadores-recolectores, y hemos cazado animales y criado a nuestros hijos en colaboración con los demás desde entonces. No es que quisiéramos colaborar con los demás. Es que éramos tan débiles, tan desesperadamente débiles que nos hubiera sido imposible sobrevivir en solitario.

JOVEN: El ser humano formó grupos y construyó la sociedad porque era débil. Así que tanto nuestro poder como nuestra civilización son fruto de la debilidad.

FILÓSOFO: Dicho de otro modo: no hay nada que nos asuste más que la soledad. Las personas solas, aisladas, no solo ven amenazada su seguridad física, sino también la mental. Porque, instintivamente, somos muy conscientes de que no podemos vivir solos. En consecuencia, siempre buscamos conexiones sólidas con los demás. ¿Entiendes lo que esto significa?

JOVEN: No, ¿qué significa?

FILÓSOFO: El sentimiento de comunidad es inherente a todas las personas. Está íntimamente vinculado a la identidad humana.

JOVEN: ¡Oh!

FILÓSOFO: Del mismo modo que no cabe imaginar una tortuga sin su caparazón o una jirafa con el cuello corto, no existen seres humanos completamente aislados de los demás. El sentimiento de comunidad no es algo que se adquiere, sino algo que uno extrae de su propio interior; por eso se puede compartir como emoción. Adler lo explica así: «El sentimiento de comunidad es siempre un reflejo de la debilidad del cuerpo, algo de lo que no nos podemos separar».

JOVEN: El sentimiento de comunidad surge de la debilidad humana...

FILÓSOFO: Los seres humanos somos débiles físicamente. Sin embargo, la mente humana no tiene parangón, es mucho más potente que la de cualquier otro animal. Estoy seguro de que sabes muy bien hasta qué punto va contra natura tener que pasarse un día tras otro compitiendo con nuestros camaradas. El sentimiento de comunidad no es un ideal ingenuo. Es un principio fundamental de la vida que es común a todos los seres humanos.

¡Sentimiento de comunidad! Ese concepto clave de la psicología adleriana, ese concepto con el que había batallado durante tanto tiempo hasta llegar a entenderlo y cuya verdad interior le resultaba imposible de aprehender, ahora estaba claro como la luz del día. El ser humano forja comunidades y vive basándose en relaciones de cooperación para compensar su debilidad física. El ser humano siempre busca la conexión con otros seres humanos. El sentimiento de comunidad es inherente a la mente de todos y cada uno de nosotros. El filósofo dice: «Desentierra el sentimiento de comunidad de tu interior y busca la conexión con otras personas». Con suma dificultad, el joven formuló otra pregunta.

ATREVERSE A SER UNO MISMO

JOVEN: Pero… ¿qué tiene que ver la existencia de ese sentimiento de inferioridad, y la del sentimiento de comunidad, con el rechazo a la necesidad de aprobación? La aprobación mutua debería reforzar el vínculo, ¿no?

FILÓSOFO: Bueno, ahora iría bien recordar las cinco fases de la conducta problemática.

JOVEN: De acuerdo. Las tengo aquí, escritas en la libreta.

FILÓSOFO: ¿Recuerdas cuál era el objetivo de los alumnos que buscan admiración, llaman la atención y luego provocan luchas de poder?

JOVEN: Sí, quieren ser reconocidos, quieren ocupar un lugar especial en el aula. Es eso, ¿no?

FILÓSOFO: Sí, pero ¿qué quiere decir eso del «lugar especial»? ¿Por qué lo ansían? ¿Qué opinas?

JOVEN: Imagino que es porque quieren que se les respete, que los consideren superiores y todo eso.

FILÓSOFO: Estrictamente hablando, no. En la psicología adleriana, la necesidad más fundamental del ser humano es la de pertenencia. Es decir, no queremos estar aislados. Queremos tener la sensación real de que «está bien estar aquí», porque el aislamiento lleva a la muerte social y, al final, también a la biológica. ¿Cómo pueden desarrollar un sentimiento de pertenencia? Obteniendo un lugar especial en la comunidad. Siendo distintos a todos los demás.

JOVEN: ¿Distintos a todos los demás?

FILÓSOFO: Claro. Su «yo» irreemplazable no puede ser como el de «todos los demás». Han de conseguir un espacio que pueda ser completamente suyo siempre. No se pueden permitir la menor vacilación en el sentimiento de pertenencia, en la sensación de que «está bien estar aquí».

JOVEN: Pues entonces solo has conseguido reafirmarme en mi opinión. Al elogiarlos y satisfacer su gran necesidad de aprobación, les transmitimos que no son seres incompletos y que son personas valiosas. ¡No hay otra manera de hacerlo!

FILÓSOFO: Te equivocas. Por desgracia, si emprenden esa dirección, no podrán materializar su valor.

JOVEN: ¿Por qué?

FILÓSOFO: Porque la necesidad de aprobación no se satisface nunca. Reciben elogios y la aprobación de los demás. Como resultado, quizás conecten brevemente con su sensación de valía personal. Sin embargo, cualquier alegría que hayan obtenido así no será más que algo que se les ha concedido desde fuera. Serán como muñecos mecánicos que no se mueven a no ser que haya alguien que les dé cuerda.

JOVEN: Bueno, sí, quizás, pero...

FILÓSOFO: La persona que solo es feliz de verdad cuando alguien la elogia, buscará ser elogiada una y otra vez hasta su último aliento. Estará en una posición de dependencia que la llevará a vivir una vida de búsqueda incesante, una vida sin plenitud.

JOVEN: Entonces, ¿qué deberíamos hacer?

FILÓSOFO: En lugar de buscar la aprobación de los demás, debemos aprobarnos a nosotros mismos, con la propia mente.

JOVEN: ¿Aprobarnos a nosotros mismos?

FILÓSOFO: Si necesitamos que otra persona determine cuánto valemos, somos dependientes. Por el contrario, si determinamos lo que valemos por nosotros mismos, somos autónomos. Si nos preguntamos cuál de las dos opciones lleva a una vida feliz, creo que la respuesta es evidente. Nadie ha de poder decidir cuánto valemos.

JOVEN: ¡Eso es imposible! ¡No confiamos en nosotros

mismos y eso explica, precisamente, por qué necesitamos la aprobación de los demás!

FILÓSOFO: Creo que, probablemente, eso sucede porque no nos atrevemos a ser normales. Está bien ser tal y como somos. Este es tu sitio, no hace falta que seas especial ni que destaques de ninguna manera. Aceptémonos tal y como somos, normales, como todos los demás.

JOVEN: Entonces... ¿soy una persona normal, como todas las demás, sin ninguna cualidad extraordinaria?

FILÓSOFO: ¿Tú qué crees?

JOVEN: ¡Ja, ja, ja! Con qué naturalidad profieres insultos hirientes. Creo que este es el mayor insulto que haya recibido jamás.

FILÓSOFO: No, no es un insulto. Yo también soy una persona normal. Y ser normal forma parte de la individualidad de cada uno. No es nada de lo que avergonzarse.

JOVEN: ¡Basta de tonterías! ¿Quién no se tomaría como un insulto que le digan que es una persona como todas las demás, una persona ordinaria? ¿Crees que a alguien le consolaría que le dijeran que eso también es individualidad? ¿Crees que alguien te tomaría en serio?

FILÓSOFO: Si te sientes insultado por esas palabras, es porque aún intentas ser un «yo especial». Por lo tanto, buscas la aprobación de los demás. En consecuencia, buscas admiración, llamas la atención y vives en el marco de la conducta problemática.

JOVEN: ¡Para! ¡Deja de marearme de una vez!

FILÓSOFO: Mira, en lugar de dar valor a ser distinto a los demás, da valor a ser quien eres. Esa es la verdadera individualidad. Un modo de vida en el que te comparas con los demás e intentas acentuar en qué te diferencias de ellos, en lugar de ser tú mismo, es un modo de vida en el que te engañas a ti mismo y engañas a los demás.

JOVEN: ¿Estás diciendo que, en lugar de poner énfasis en lo que me diferencia de los demás, tendría que otorgar valor a ser yo mismo, incluso si eso supone ser mediocre?

FILÓSOFO: Sí, porque la individualidad no es relativa, sino que es absoluta.

JOVEN: Bueno, pues hablemos de la conclusión a la que he llegado respecto a todo eso de la individualidad. Creo que apunta a las limitaciones de la educación escolar.

FILÓSOFO: Hum. Sí, me gustaría que me hablaras de ello.

LA CONDUCTA PROBLEMÁTICA VA DIRIGIDA A TI

JOVEN: Llevo todo el rato pensando en si decirlo o no, pero bueno, allá voy. Ha llegado el momento de ser sincero. En el fondo, pienso que la educación en la escuela tiene limitaciones.

FILÓSOFO: ¿Limitaciones?

JOVEN: Sí, limitaciones. Hay un límite del que los educadores no podemos pasar en nuestro trabajo.

FILÓSOFO: ¿A qué te refieres?

JOVEN: En el aula hay alumnos brillantes y extrovertidos, pero también hay alumnos modestos que pasan más desapercibidos. En términos de Adler, cada uno tiene su propio estilo de vida, su propia visión del mundo. No hay nadie igual. Eso es la individualidad, ¿no?

FILÓSOFO: Sí.

JOVEN: Entonces, ¿de dónde vienen esos estilos de vida? Han de venir de la familia, no hay otra explicación.

FILÓSOFO: Sí, la influencia de la familia es muy potente.

JOVEN: Los alumnos pasan la mayor parte del día en casa y comparten su vida cotidiana con sus familias, bajo un mismo techo y en un espacio muy limitado. Algunos padres son apasionados de la educación, mientras que otros son más bien pasivos en lo que concierne a la crianza. Muchos niños tienen padres divorciados o separados, o han perdido a alguno. También hay diferencias en el estatus socioeconómico, claro, y progenitores que maltratan a sus hijos.

FILÓSOFO: Sí, por desgracia los hay.

JOVEN: Por otro lado, los profesores tenemos la limitación temporal de los pocos años que pasan en la escuela primaria o en la secundaria antes de graduarse. Ese es todo el tiempo que podemos dedicar a cada alumno. En comparación con los padres, que les pueden ofrecer casi toda una vida de compromiso, partimos de condiciones extraordinariamente dispares.

FILÓSOFO: Y ¿a qué conclusión te ha llevado eso?

JOVEN: En primer lugar, que la educación general que incluye la formación de la personalidad compete a la familia. En otras palabras, si hay un alumno violento, son los padres quienes han de asumir total e inequívocamente la responsabilidad de haber criado a un niño así. En ningún caso se le puede atribuir la responsabilidad a la escuela. Por lo tanto, lo que se espera de los profesores es que proporcionemos una educación muy específica, la que determina el plan de estudios. No podemos ir más allá. Debo reconocer que llegar a esta conclusión me da bastante vergüenza, pero así es la realidad.

FILÓSOFO: Ya veo. Aunque creo que Adler refutaría esa conclusión directamente.

JOVEN: ¿Por qué? ¿Cómo?

FILÓSOFO: Porque, y debo decirlo, has llegado a una conclusión que no tiene en cuenta la personalidad de los niños.

JOVEN: ¿Que no tiene en cuenta su personalidad?

FILÓSOFO: La psicología adleriana entiende todas las palabras y las conductas humanas en términos de relaciones interpersonales. Por ejemplo, si vemos que alguien se hace cortes en los brazos o se autolesiona de cualquier otro modo, no lo entendemos como una conducta dirigida al vacío. La conducta de autolesión está dirigida a alguien, tal y como hemos visto en la fase de venganza de la conducta problemática. Dicho de otro modo, pensamos que las palabras y las acciones siempre van dirigidas a un tercero.

JOVEN: ¿Y entonces?

FILÓSOFO: ¿Cómo se comportan los alumnos a tu cargo cuando están en casa con sus familias? No lo podemos saber.

Es muy poco probable que muestren la misma cara que enseñan en clase. Porque tanto si es la cara que muestran a sus padres como la que muestran a sus profesores, a sus amigos o a sus compañeros de cursos superiores e inferiores, nadie muestra la misma cara siempre.

JOVEN: Sí, puede ser.

FILÓSOFO: Ahora imagina que hay un alumno en clase que presenta conductas problemáticas reiteradamente. ¿A quién va dirigida esa conducta? A ti, por supuesto.

JOVEN: ¿Cómo?

FILÓSOFO: Cuando ese alumno se pone la máscara del rostro que te muestra a ti, dirige la conducta problemática hacia ti y hacia nadie más. No es problema de sus padres. El problema ha surgido íntegramente en la relación entre el alumno y tú.

JOVEN: ¿No estarás diciendo que la educación que reciben en casa es irrelevante?

FILÓSOFO: No sabemos qué sucede en casa y tampoco podemos intervenir allí. Sea como sea, ahora el alumno se enfrenta a ti y ha decidido algo así: «Voy a perturbar la clase de este profesor» o «no pienso hacer la tarea que me ponga». Por supuesto, habrá casos en que el alumno se porta mal repetidamente en clase al tiempo que decide que delante de sus padres será un «niño bueno». Al fin y al cabo, la conducta va dirigida a ti, por lo que eres tú quien la ha de manejar.

JOVEN: ¿Es una tarea que debo resolver en clase?

FILÓSOFO: Lo has entendido perfectamente. Porque te está pidiendo ayuda a ti, a nadie más.

JOVEN: O sea que la mala conducta de mis alumnos va dirigida solo a mí...

FILÓSOFO: Y aún te diré más: lo hacen frente a ti. Y eligen momentos en que saben que estarán en tu campo de visión. Buscan su lugar en un mundo que no es su casa, o sea, en tu aula. Tu tarea consiste en mostrarles, a través del respeto, cuál es ese lugar.

POR QUÉ QUEREMOS SALVAR A LOS DEMÁS

JOVEN: ¡Adler es aterrador! Si no lo hubiera conocido, ahora no tendría tantos problemas. Guiaría a mis alumnos sin tener la menor duda. Alzaría la voz a los que hay que regañar y elogiaría a quienes merecen reconocimiento, como hace el resto de los profesores. Los alumnos se mostrarían agradecidos y yo habría podido satisfacer la función de maestro como es mi vocación. ¡Ojalá no me hubieras mencionado nunca todos esos ideales!

FILÓSOFO: Sí, es cierto que cuando uno conoce la manera de pensar de Adler, ya no hay vuelta atrás. Hay muchas personas que han conocido a Adler y que, como tú, han intentado desdeñarlo alegando que se trata de una teoría idealista o acientífica. Y aun así tampoco la pueden abandonar, como te sucede a ti. No pueden evitar la sensación de incongruencia en su interior. No pueden evitar ser conscientes de su «mentira». Sí, la verdad es que se puede decir que es una medicina amarga.

JOVEN: Repasemos lo que hemos dicho hasta ahora. En primer lugar, no hay que regañar a los niños, porque es una conducta que perjudica al respeto mutuo. Y la ira y la reprimenda son medios de comunicación violentos, inmaduros y vulgares. ¿Es eso?

FILÓSOFO: Sí.

JOVEN: Y, por otro lado, tampoco hay que elogiar. El elogio incita el principio de la competencia en la comunidad e instaura en el niño un estilo de vida, una visión del mundo en la que ve como enemigos al resto de la gente.

FILÓSOFO: Sí.

JOVEN: Además, el elogio y la reprimenda, o la recompensa y el castigo, son obstáculos en el camino a la autonomía del niño. Porque la recompensa y el castigo son métodos que intentan mantener al niño bajo control y, en el fondo, los adultos que recurren a esas conductas temen que el niño llegue a ser autónomo.

FILÓSOFO: Quieren que el niño siga siendo un niño para siempre. Por lo tanto, usan la recompensa y el castigo para controlarlo. Armados con excusas como «es por tu bien» o «es porque me preocupo por ti», intentan que el niño siga siendo un niño. Esta actitud por parte de los adultos no alberga el más mínimo respeto y no lleva a que se forjen relaciones positivas.

JOVEN: Eso no es todo. Adler niega incluso la necesidad de aprobación. Afirma que no deberíamos buscar la aprobación de otros, sino que nos tendríamos que aprobar a nosotros mismos.

FILÓSOFO: Sí. Este es uno de los problemas que habría que considerar en el contexto de la autonomía.

JOVEN: Sí, lo sé. La autonomía consiste en que cada uno determine lo que vale por sí mismo. La necesidad de aprobación o intentar que otros decidan cuánto valemos son muestras de dependencia. Has dicho eso, ¿no?

FILÓSOFO: Sí. Hay personas que cuando oyen hablar de autonomía o de emancipación, solo piensan en cuestiones económicas. Pero hay niños de diez años plenamente autónomos. Y hay personas de cincuenta o de sesenta que aún no lo son. La autonomía tiene que ver con la psique.

JOVEN: Vale. La verdad es que es una lógica maravillosa. Es irreprochable, al menos como filosofía presentada en el contexto de este estudio.

FILÓSOFO: Y, sin embargo, no estás satisfecho con ella.

JOVEN: No, no lo estoy. Si solo es una filosofía y no tiene aplicación práctica ni científica; si no se sostiene más allá de las cuatro paredes de este estudio, y concretamente en mi aula, no puedo estar de acuerdo con ella.

Fuiste tú quien me presentó a Adler y soy muy consciente de que soy yo quien ha de tomar la decisión última, pero si lo único que vas a hacer es decirme todo lo que no se puede hacer («no se regaña», «no se elogia»), sin darme ninguna alternativa, me dejas sin saber qué hacer. Tal y como están las cosas, no puedo volver a la educación basada en el castigo y en la recompensa, pero tampoco estoy dispuesto a depositar toda mi fe en la educación adleriana.

FILÓSOFO: Es muy probable que la solución sea de lo más sencilla.

JOVEN: Sí, claro. Sencilla para ti. Porque no sales del «cree en Adler, apuesta por Adler».

FILÓSOFO: No. Que renuncies o no a Adler me es indiferente. Ahora, lo más importante es que nos alejemos un momento del tema de la educación.

JOVEN: ¡Que nos alejemos del tema de la educación!

FILÓSOFO: Te lo digo como amigo. Llevas todo el día hablando de educación, pero tus problemas no vienen de ahí. El problema es que aún no has aprendido a ser feliz. No te atreves a ser feliz. Y no elegiste ser profesor porque quisieras salvar a los niños. Querías salvarte a ti mismo salvándolos a ellos.

JOVEN: ¿Qué me acabas de decir?

FILÓSOFO: Que intentamos encontrar la salvación salvando a otros. Intentamos afirmar nuestro valor erigiéndonos en salvadores. Es un tipo de complejo de superioridad en el que acostumbran caer las personas que no acaban de resolver su sensación de inferioridad. Se conoce como «complejo de Mesías». Es un estado psicológico que lleva a querer ser un Mesías, un salvador.

JOVEN: ¡No digas tonterías! ¿A qué viene esto de repente?

FILÓSOFO: Enojarse y alzar la voz es aún otra expresión de la sensación de inferioridad. Cuando se activa el sentimiento de inferioridad, intentamos resolverlo con la ira.

JOVEN: ¡Aj! ¡Eres…!

FILÓSOFO: La clave reside en qué haremos a continuación. Cuando la salvación viene de alguien que no es feliz, no se supera el deseo de satisfacción personal y no se hace feliz a nadie. Incluso en plena misión para salvar a los niños, sigues siendo infeliz. Solo quieres demostrar lo que vales. Y si es así, no sirve de nada seguir dándole vueltas a la teoría de la educación. Antes has de encontrar la felicidad por ti mismo. De otro modo, lo más probable es que todas las conversaciones que entablemos acaben en un intercambio fútil de insultos.

JOVEN: ¡Fútil! ¿Me estás diciendo que esta conversación será fútil?

FILÓSOFO: Si optas por no cambiar las cosas y dejarlas como están, respetaré tu decisión. No pasa nada por volver a la escuela tal y como estás ahora. Sin embargo, si quieres cambiar, hoy es el único día en que puedes hacerlo.

JOVEN: [Silencio.]

FILÓSOFO: Esto va más allá del trabajo o de la educación. Se trata de cuestionar la propia vida.

«Nos tenemos que alejar del tema de la educación. No quieres salvar a los niños. Lo que sucede es que estás atrapado en un remolino de infelicidad y te quieres salvar a ti mismo a través de la educación». Para el joven, estas palabras equivalían a decirle que lo mejor era que dimitiera, y negaban todo lo que era como educador. «La luz de Adler me abrió los ojos y me puso en el sendero de la educación, donde me he tenido que enfrentar a todo tipo de dificultades. ¿Y esto es lo que recibo a cambio?». Entonces se le ocurrió algo: «Me pregunto si los atenienses se sentían así cuando informaron a Sócrates de que lo habían condenado a muerte. Este hombre es demasiado peligroso. Si nadie lo controla, el veneno de su nihilismo se extenderá por todo el mundo».

LA EDUCACIÓN ES AMISTAD, NO ES UN TRABAJO

JOVEN: Ya puedes ir dando las gracias a mi capacidad de autocontrol. Si me hubieras dicho esto mismo hace diez o incluso hace cinco años, no creo que hubiera sido capaz de controlarme. Probablemente ya te habría dado un buen puñetazo.

FILÓSOFO: Ja, ja, ja. No creo que me hubiera gustado demasiado, no. Pero te entiendo. El propio Adler fue atacado por sus clientes en alguna ocasión.

JOVEN: ¡No me extraña! Es lo mínimo que le podía pasar si se dedicaba a proferir teorías tan extremas.

FILÓSOFO: Durante un tiempo, Adler tuvo como paciente a una joven que tenía un trastorno mental severo. Hacía ya ocho años que sufría síntomas y estuvo ingresada durante los dos años anteriores a la primera visita con él. Adler explica que en esa primera visita «ladró como un perro, escupió, se arrancó la ropa y se intentó comer el pañuelo».

JOVEN: Creo que eso va más allá de lo que puede hacer la terapia.

FILÓSOFO: Sí. Presentaba síntomas tan severos que su médico se había rendido y había acudido a Adler para ver si podía hacer algo por ella.

JOVEN: ¿Y pudo?

FILÓSOFO: Sí. Al final se recuperó por completo y se pudo reincorporar a la sociedad, ganarse la vida y vivir en armonía con quienes la rodeaban. Tal y como explica Adler: «Nadie que la viera ahora podría creer que estuvo enajenada».

JOVEN: ¿Qué tipo de magia usó?

FILÓSOFO: La psicología adleriana no tiene nada de mágico. Adler se limitó a hablar con ella. Habló con ella durante ocho días seguidos sin que ella pronunciara ni una sola palabra. Él perseveró y, al cabo de treinta días de terapia, la joven empezó a hablar de manera confusa e ininteligible.

Adler entendió que se comportaba como un perro por el siguiente motivo: sentía que su madre la trataba como a un perro. Adler no sabía si era cierto o no que la habían tratado así. Pero eso era lo que ella sentía. Y como acto de rebeldía contra su madre, decidió inconscientemente que, ya que la trataban como a un perro, actuaría como tal.

JOVEN: Entonces, ¿era una especie de autolesión?

FILÓSOFO: Sí, exactamente. Se estaba autolesionando. Habían dañado su dignidad como persona y mantenía la herida abierta con sus propias manos. Por eso Adler le habló con tanta paciencia. Le hablaba de igual a igual, de persona a persona.

JOVEN: Entiendo.

FILÓSOFO: Entonces, cuando ya llevaban un tiempo así, de repente, un día, la paciente empezó a pegar a Adler. ¿Qué crees que hizo él? No opuso la menor resistencia y permitió que lo agrediera. Cuando, llevada por el impulso, la chica rompió una ventana y se cortó la mano, Adler le vendó tranquilamente la herida.

JOVEN: Parece un episodio sacado de la Biblia. Ahora va a resultar que Adler era un santo. ¡Ja! Lo siento, pero no me lo trago.

FILÓSOFO: Adler no era para nada un santo, y en este caso no es que optara por la vía de la no resistencia por cuestiones morales.

JOVEN: ¿Ah, no? Entonces, ¿por qué no opuso resistencia?

FILÓSOFO: Adler explica que cuando la chica por fin empezó a hablar, tuvo la sensación de que era su amigo. Entonces, cuando ella lo empezó a atacar sin motivo, decidió dejar que lo pegara y poner un semblante amable. En otras palabras, Adler no interactuó con la chica como terapeuta, sino como amigo.

Imagina que un amigo tuyo padeciera un trastorno mental desde hace mucho tiempo y, de repente, se confundiera y te empezara a pegar... Si puedes imaginar algo así, quizás puedas ver que la manera de actuar de Adler no fue en absoluto extraordinaria.

JOVEN: Bueno, sí, lo puedo entender si se trata de un amigo de verdad.

FILÓSOFO: Claro. Bueno, ahora tenemos que recordar algo. Por un lado, esta afirmación: «La terapia consiste en reeducar para la autonomía y el terapeuta es un educador». Y también esta definición: «El educador es un terapeuta». Adler, que era terapeuta y educador, interactuaba con los clientes como lo haría con sus amigos. Por lo tanto, tú también deberías interactuar con tus alumnos como amigo. Tú también eres educador y terapeuta.

JOVEN: ¿Cómo?

FILÓSOFO: El motivo por el que has fracasado en tu intento de enseñanza adleriana y por el que aún no has encontrado la verdadera felicidad es muy sencillo. Has estado evitando las tres tareas vitales del trabajo, la amistad y el amor.

JOVEN: ¿Las tareas vitales?

FILÓSOFO: Estás intentando manejar a tus alumnos como si fuera tu trabajo. Pero, tal y como demuestra la experiencia de Adler, la relación con tus alumnos es de amistad. Has empezado con mal pie y, si no haces algo para solucionarlo, es imposible que tu manera de enseñar llegue a buen puerto.

JOVEN: ¡Qué tontería! ¿Que los trate como si fueran mis amigos?

FILÓSOFO: No, no «como si» fueran tus amigos. Has de forjar con ellos una relación de amistad, en el sentido más estricto de la palabra.

JOVEN: ¡No, te equivocas! Me siento muy orgulloso de mi profesionalismo como educador. Es precisamente por eso, porque soy un profesional y porque se trata de un trabajo por el que me remuneran, que soy capaz de soportar tanta responsabilidad.

FILÓSOFO: Sí, entiendo lo que quieres decir. Pero sigo pensando lo mismo. Deberías forjar una relación de amistad con tus alumnos.

Hace tres años no llegamos a hablar de las tareas vitales en profundidad. Creo que cuando entiendas las tareas vitales, entenderás qué significa la frase con la que he comenzado hoy: «La decisión más importante de tu vida». Y qué significa atreverse a ser feliz.

JOVEN: ¿Y qué pasa si no estoy convencido?

FILÓSOFO: Entonces deberías renunciar a Adler. Y a mí.

JOVEN: Me parece muy curioso lo seguro que estás de ti mismo.

Parte IV

DA Y TE SERÁ DADO

En el estudio del filósofo no había reloj. ¿Cuánto tiempo llevaban hablando ya? ¿Cuántas horas los separaban del amanecer? El joven seguía rumiando acerca de lo que habían debatido hasta el momento mientras se reprochaba haberse dejado el reloj en casa. «¿Complejo de Mesías? ¿Forjar una relación de amistad con los alumnos? ¡Enorme estupidez! ¡Dices que no entiendo a Adler, pero eres tú el que no me entiende a mí! Y eres tú el que evita tus tareas vitales y evita el contacto con los demás. ¡Te pasas la vida encerrado en tu estudio!»

TODA LA ALEGRÍA SURGE DE LA DICHA DE LAS RELACIONES INTERPERSONALES

JOVEN: No soy feliz. Mis problemas no tienen que ver con la educación en la escuela, sino con mi propia vida. Y el motivo de mi desdicha es que estoy evitando mis tareas vitales... Eso es lo que me pasa según tú, ¿no?

FILÓSOFO: En pocas palabras, sí.

JOVEN: Pero eso no es todo. También dices que, en lugar de tratar a mis alumnos como si fueran mi trabajo, tengo que forjar relaciones de amistad con ellos. Porque, dicho de otro modo, eso es lo que hizo Adler. Adler trataba a sus clientes como a amigos. Eso es lo que hizo Adler y, por lo tanto, yo debería hacer lo mismo. ¿Crees que eso va a ser motivo suficiente para mí?

FILÓSOFO: Si mis argumentos se redujeran a que tienes que hacer algo solo porque lo hizo Adler, no, no creo que fuera motivo suficiente. Sin embargo, mis argumentos son muy distintos.

JOVEN: Bueno, pues si no me los explicas de una vez, no serán más que pretextos.

FILÓSOFO: De acuerdo. Adler llamaba «tareas vitales» a las tareas que todos hemos de llevar a cabo para vivir en sociedad.

JOVEN: Sí, lo sé. Las tareas de trabajo, de amistad y de amor.

FILÓSOFO: Sí. La clave reside en que todas ellas tienen que ver con las relaciones interpersonales. Por ejemplo, si hablamos de la tarea del trabajo, en lugar de tratar el empleo específico como la tarea, nos centraríamos en las relaciones interpersonales asociadas a este. En ese sentido, quizás sea más fácil entender las tareas si las llamamos relaciones laborales, relaciones de amistad y relaciones afectivas.

JOVEN: Así que nos tenemos que centrar en las relaciones, no en las conductas.

FILÓSOFO: Sí. ¿Por qué se centra tanto Adler en las relaciones interpersonales? Esto forma parte de la esencia de la psicología adleriana. ¿Sabrías responder?

JOVEN: Supongo que es por su premisa: «Todos los problemas tienen que ver con las relaciones interpersonales». Así es como Adler define el sufrimiento.

FILÓSOFO: Sí, aunque la definición exige cierta explicación. En primer lugar, ¿por qué crees que dijo que todos los problemas tienen que ver con las relaciones interpersonales? Adler dice que...

JOVEN: ¿Quieres hacer el favor de ir al grano? Déjame explicarlo, a ver si así podemos pasar página de una vez. «Todos los problemas tienen que ver con las relaciones interpersonales». Para entender qué significa en realidad esta afirmación, tenemos que pensar en la afirmación contraria.

Imagina que solo hubiera un «yo» en todo el universo. ¿Cómo sería? Muy probablemente sería un mundo sin lenguaje ni lógica. Tampoco existirían la competencia, la envidia o la soledad. Porque un ser humano no se puede sentir solo a no ser que haya otro que lo rechace. La soledad no puede surgir si uno está verdaderamente solo.

FILÓSOFO: Sí, la soledad solo existe en las relaciones.

JOVEN: Pero la cuestión es que esta hipótesis es imposible. Porque, en principio, no hay modo de vivir separados de todos los demás. Todos nacemos del útero de nuestra madre y nos criamos con su leche. Cuando nacemos, ni siquiera nos podemos dar la vuelta en la cama sin ayuda, no digamos ya comer.

Y, entonces, en cuanto abrimos los ojos y confirmamos la existencia de otra persona (en la mayoría de los casos sería la madre), la sociedad hace acto de presencia. Y se vuelve cada vez más compleja cuando se le añaden el padre, los hermanos y las personas ajenas a la familia.

FILÓSOFO: Sí.

JOVEN: Se podría decir que el nacimiento de la sociedad equivale al nacimiento del sufrimiento. En la sociedad quedamos expuestos a todo tipo de sufrimientos, como el conflicto, la competitividad, la envidia o la soledad, por no hablar del sentimiento de inferioridad. Entre «yo» y «esa persona» hay una disonancia atronadora. No podremos recuperar nunca esos días de tranquilidad, cuando flotábamos envueltos en la calidez del líquido amniótico. No tenemos más remedio que vivir en el incesante bullicio de la sociedad humana.

Si no existieran los demás, tampoco existirían los problemas. Sin embargo, no hay forma de escapar de la existencia de otras personas. Por lo tanto, todos los problemas tienen que ver con las relaciones interpersonales. ¿Me equivoco en algún punto de este razonamiento?

FILÓSOFO: No, has hecho un resumen excelente. Pero permíteme que añada solo una cosa. Si todos los problemas tienen que ver con las relaciones interpersonales, ¿la solución pasa por alejarnos de todo el mundo? ¿Sería correcto aislarnos de todos y encerrarnos en nuestra habitación?

No, esa no sería la solución y no, tampoco sería lo correcto. Y no lo sería porque toda la alegría surge también de las relaciones interpersonales. Una persona que estuviera sola en el universo viviría una vida plana y sin color. Sin problemas y sin alegría.

La otra cara de la moneda de la premisa de Adler de que «todos los problemas tienen que ver con las relaciones interpersonales» es la definición de la felicidad: «Toda la alegría surge de la dicha de las relaciones interpersonales».

JOVEN: Y ese es el motivo por el que debemos abordar las tareas vitales.

FILÓSOFO: Eso es.

JOVEN: Muy bien. Entonces, vuelvo a la pregunta de antes:

¿Por qué tengo que forjar relaciones de amistad con mis alumnos?

FILÓSOFO: Veamos. En primer lugar, ¿qué es la amistad? ¿Por qué se nos ha asignado la tarea de la amistad? Usemos las palabras de Adler como guía. Adler afirma lo siguiente respecto a la amistad: «En la amistad, miramos con los ojos del otro, escuchamos con los oídos del otro y sentimos con el corazón del otro».

JOVEN: Es lo mismo que has dicho antes, cuando hablabas de…

FILÓSOFO: Sí, esa es la definición del sentimiento de comunidad.

JOVEN: ¿Qué quieres decir, entonces? ¿Que adquirimos conocimiento humano y el sentimiento de comunidad a partir de las relaciones de amistad?

FILÓSOFO: No, «adquirir» no es la palabra correcta. Antes te he hablado del sentimiento de comunidad como de una emoción que reside en el interior de todas las personas. No es algo que uno tenga que adquirir, sino algo que se extrae del interior. Por lo tanto, para ser exactos, es una emoción que hacemos aflorar mediante la amistad. Las relaciones de amistad son el marco en el que ponemos a prueba nuestra capacidad de contribuir a la sociedad. Si no forjamos relaciones de amistad, nunca encontraremos nuestro lugar en la comunidad.

JOVEN: ¡Espera un momento!

FILÓSOFO: No, deja que llegue a la conclusión. La cuestión es la siguiente: ¿dónde ponemos en práctica la amistad? Estoy seguro de que ya conoces la respuesta. Es el lugar donde los niños entienden por primera vez qué significa la amistad y comienzan a desenterrar el sentimiento de comunidad. En la escuela.

JOVEN: No, te he dicho que esperes un momento. Vas demasiado rápido y me he perdido. Ya no sé qué es qué. Si la escuela es el lugar donde los niños aprenden qué es la amistad, ¿tengo que ser su amigo?

FILÓSOFO: Esto es algo que mucha gente no acaba de entender. Las relaciones de amistad no se limitan a las relaciones entre amigos. Con mucha frecuencia se forman relaciones de amistad en las que uno no llamaría «amigo» al otro. Entonces, ¿qué es eso a lo que Adler llama «amistad»? ¿Y qué tiene que ver con el sentimiento de comunidad? Ahondemos en ello.

¿«CONFÍAS» O TIENES «SEGURIDAD»?

JOVEN: A ver si lo he entendido bien. No me estarás diciendo que me tengo que hacer amigo de esos niños, ¿no?

FILÓSOFO: Eso es. Hace tres años, esa última noche en que la nieve lo cubría todo, te expliqué la diferencia entre la «confianza» y la «seguridad». ¿Lo recuerdas?

JOVEN: ¿«Confianza» y «seguridad»? ¿Ya vuelves a cambiar de tema? Sí, claro que lo recuerdo. De hecho, siempre lo tengo muy presente, fue un momento muy revelador.

FILÓSOFO: Pues recordemos en qué consiste esa diferencia. Explícala con tus propias palabras. ¿Cómo explicarías qué es la confianza?

JOVEN: Bueno, en pocas palabras, la confianza consiste en creer al otro con «condiciones». Por ejemplo, cuando solicitamos un crédito bancario, es obvio que el banco no nos va a dejar el dinero incondicionalmente. Nos pedirá algún tipo de garantía, como un bien inmueble o un aval, y el importe que nos conceda dependerá de la garantía que podamos ofrecer. Además, nos cobrará intereses. Es una actitud que transmite que «te prestamos el dinero porque creemos en el valor de la garantía que nos has proporcionado», en vez de «te prestaremos el dinero porque creemos en ti». En otras palabras, no creen en la persona, sino en las condiciones de la persona.

FILÓSOFO: ¿Y qué me dices de la seguridad?

JOVEN: La seguridad consiste en creer en el otro sin condición alguna. Creemos aunque no dispongamos de pruebas suficientes para ello. Creemos incondicionalmente, sin necesidad de garantías ni de avales. Eso es la seguridad. En lugar de creer en las condiciones de la persona, creemos en la persona. Otra manera de decirlo sería que nos centramos en el valor humano en lugar de en el valor material.

FILÓSOFO: Ya veo.

JOVEN: Mira, si me lo permites, añadiré mi interpretación personal a lo que acabo de explicar. La seguridad también es creer «en la persona que cree en esa persona». Porque ¿cómo no vamos a exigir garantías si no creemos en nuestro propio criterio? La seguridad en los demás no puede existir si no existe seguridad en uno mismo.

FILÓSOFO: Muchas gracias. Lo has explicado perfectamente.

JOVEN: Soy buen alumno, ¿no crees? Ya te lo he dicho antes, hace mucho que sigo a Adler y he aprendido mucho de sus obras. Y, aún más importante, he puesto en práctica sus ideas en un contexto educativo. Por lo tanto, no rechazo a Adler desde una postura meramente emocional, sin razones que sustenten ese rechazo.

FILÓSOFO: Claro que no. Y permíteme que diga una cosa, pero por favor no me malinterpretes. No eres ni mi discípulo ni mi alumno.

JOVEN: ¡Ja, ja! Así que los tipos insolentes como yo no somos tus discípulos, ¿es eso? Qué genialidad. He hecho enojar a un defensor de Adler.

FILÓSOFO: Es evidente que eres un amante del conocimiento. No te asusta la duda, no temes formular tus propios pensamientos y avanzas con firmeza para alcanzar una comprensión superior. En otras palabras, eres un amante del conocimiento, un filósofo. Y yo no enseño desde una posición de superioridad. No soy más que otro filósofo amante del conocimiento. Tú y yo estamos al mismo nivel.

JOVEN: ¿Eres un filósofo sin maestros ni discípulos, y tú y yo estamos al mismo nivel? Entonces, ¿cabe dentro de lo posible que reconozcas tus errores y adoptes mi postura?

FILÓSOFO: Sí, por supuesto. Espero aprender mucho de ti y, de hecho, cada vez que hablamos descubro algo nuevo.

JOVEN: Vale, pero que me halagues no significa que esté dispuesto a aflojar en mi crítica. ¿Por qué has sacado el tema de la confianza y la seguridad?

FILÓSOFO: Las tareas vitales de trabajo, amistad y amor que plantea Adler se diferencian en función de la distancia y la profundidad de nuestras relaciones interpersonales.

JOVEN: Sí, es lo que has dicho antes.

FILÓSOFO: Lo que sucede es que, aunque hablar de distancia y de profundidad puede parecer sencillo, lo cierto es que son conceptos difíciles de aprehender. Es posible que hayas malinterpretado varias cosas. Es mejor pensarlo de una manera muy sencilla: la diferencia entre el trabajo y la amistad radica en este planteamiento: «¿Se trata de confianza o de seguridad?».

JOVEN: ¿Confianza o seguridad?

FILÓSOFO: Sí. Las relaciones de trabajo son relaciones de «confianza» y las relaciones de amistad son relaciones de «seguridad».

JOVEN: No lo acabo de entender.

FILÓSOFO: Las relaciones laborales son condicionales, e incluyen o bien intereses creados, o bien factores externos. Por ejemplo, colaboramos con alguien porque trabajamos en la misma empresa. O hay una persona que no nos cae bien, pero con quien hacemos negocios, por lo que mantenemos y cuidamos la relación. Sin embargo, no nos planteamos llevar la relación más allá de lo profesional. Es una relación de «confianza», forjada como resultado del interés creado que es tu trabajo. Al margen de tus preferencias personales, tienes que forjar esa relación.

Por el contrario, las relaciones de amistad no necesitan un motivo que las justifique. No hay intereses creados y tampoco hay factores externos que las motiven. Se trata de una relación cuya motivación es absolutamente intrínseca: «Esta persona me cae bien». Usando los términos que has usado tú antes, creemos en la persona, no en las condiciones de la persona. Se trata, sin duda, de una relación de «seguridad».

JOVEN: Ay, ya te vas por las ramas otra vez. En ese caso,

¿por qué habla Adler de «trabajo» y de «amistad»? ¿No habría sido más fácil hablar de las relaciones interpersonales en términos de «confianza», «seguridad» y «amor» desde el principio? No haces más que complicar las cosas y levantar cortinas de humo.

FILÓSOFO: De acuerdo, intentaré explicar con la mayor sencillez posible por qué Adler optó por la palabra «trabajo».

El joven lo tenía claro. «Seguro que Adler considera que la pobreza es una virtud y que la actividad económica es, en general, una vulgaridad. Por eso critica el trabajo y dice cosas como que hay que construir relaciones de amistad con los alumnos. Vaya chiste». El joven estaba tan orgulloso de ser un profesional experimentado como de ser profesor. «Si podemos desempeñar nuestras obligaciones profesionales con responsabilidad es, precisamente, porque abordamos la educación como una profesión, no como una actividad de ocio o de beneficencia».

Hacía mucho que la taza de café se había quedado vacía, y ya estaba bien entrada la noche. Sin embargo, los ojos del joven centelleaban con una intensidad inquisitiva.

POR QUÉ EL TRABAJO ES UNA TAREA VITAL

JOVEN: Permíteme una pregunta: ¿Qué opinión tenía Adler del trabajo en general? ¿Desdeñaba el dinero o el trabajo como medio para conseguir dinero? Es absolutamente necesario que hablemos de esto si la psicología adleriana y sus tendencias idealistas se han de convertir en una teoría verdadera y sólida.

FILÓSOFO: Para Adler, la definición del trabajo era muy sencilla. El trabajo es un medio de producción que nos permite sobrevivir en el duro entorno natural de la Tierra. Es decir, pensaba que el trabajo era una tarea directamente relacionada con la supervivencia.

JOVEN: Hum. Bueno, pues me parece bastante banal. «Trabajar para comer». ¿Es eso?

FILÓSOFO: Sí. Cuando pensamos en sobrevivir, en ganarnos la vida, es una evidencia irrefutable que el ser humano ha de desempeñar algún tipo de trabajo. Y a partir de ahí, Adler se centró en el paradigma de la relación interpersonal que establece el trabajo.

JOVEN: ¿La relación interpersonal que establece el trabajo? ¿Qué quieres decir?

FILÓSOFO: El ser humano carece de colmillos afilados, de alas para surcar el cielo o de caparazones resistentes, por lo que en el mundo natural es físicamente inferior al resto de los animales. Por eso hemos decidido vivir en grupo y hemos aprendido a protegernos de los enemigos externos. Hemos vivido y hemos criado a nuestros hijos a la par que cazábamos en grupo y desarrollábamos la agricultura para garantizar el abastecimiento de comida y nuestra integridad física. Adler expresó con palabras brillantes la conclusión a la que llegó.

JOVEN: ¿A qué conclusión llegó?

FILÓSOFO: Los seres humanos no nos limitamos a ir en rebaño, sino que descubrimos una manera revolucionaria de trabajar, lo que llamamos «división del trabajo». La división del trabajo es una estrategia de supervivencia extraordinaria que el ser humano desarrolló para compensar su inferioridad física. Esta es la conclusión final de Adler.

JOVEN: ¿La división del trabajo?

FILÓSOFO: Si nos limitásemos a ir en rebaño, no seríamos distintos a la mayoría de los animales. Sin embargo, además de agruparnos, hemos desarrollado un sistema avanzado de división del trabajo. Podríamos decir que creamos la sociedad para poder dividir el trabajo. Para Adler, la tarea del trabajo va más allá de lo laboral. Tiene que ver con la división del trabajo y se basa en la conexión con los demás.

JOVEN: O sea, el trabajo es una tarea basada en las relaciones interpersonales porque parte de la premisa de la conexión con otras personas.

FILÓSOFO: Sí. ¿Por qué trabajamos? Para sobrevivir, para poder seguir vivos en el duro entorno natural. ¿Por qué creamos la sociedad? Para trabajar. Para dividir el trabajo. Vivir, trabajar y construir la sociedad son tres elementos inseparables.

JOVEN: Hum…

FILÓSOFO: Hubo otros que exploraron la división del trabajo antes que Adler. Por ejemplo, Adam Smith señaló su importancia desde el punto de vista de la economía. Sin embargo, creo que es muy probable que Adler fuera el primero que reconoció la importancia de la división del trabajo en el ámbito de la psicología. De hecho, constató su importancia como paradigma de las relaciones interpersonales. Este concepto clave ha permitido esclarecer el significado del trabajo para el ser humano, el significado de la sociedad.

JOVEN: Esto me parece importantísimo. Sigue, por favor.

FILÓSOFO: Adler siempre basa sus preguntas en los elementos principales. En sus propias palabras, «si viviéramos en un planeta que ofreciera sus recursos con facilidad y en abundancia, el trabajo no sería una virtud. Quizás sería un vicio y la virtud consistiría en no hacer nada».

JOVEN: A veces dice cosas divertidísimas. ¿Y qué más?

FILÓSOFO: Pues que no hay un lugar semejante en nuestro planeta. Los alimentos son limitados y las casas no caen del cielo. ¿Qué podemos hacer entonces? Trabajar. Y no trabajamos solos, sino con nuestros camaradas. En conclusión, Adler afirma que «la respuesta lógica y de sentido común es que debemos trabajar, cooperar y contribuir».

JOVEN: Es una conclusión muy lógica, sí.

FILÓSOFO: Lo importante es que Adler no dice que trabajar sea «bueno» en sí mismo. Independientemente de que sea bueno o malo desde un punto de vista moral, lo cierto es que no tenemos más remedio que trabajar y que no tenemos más remedio que llevar a cabo la división de trabajo. No tenemos más remedio que forjar relaciones con los demás.

JOVEN: Entonces es una conclusión que va más allá del bien y del mal.

FILÓSOFO: Dicho de otro modo, los seres humanos no podemos vivir solos. No es que no podamos soportar la soledad o que necesitemos personas con quienes hablar. Es que no podemos vivir de otra manera, es una cuestión de supervivencia básica. Y para dividir el trabajo con otra persona tenemos que creer en ella. No podemos colaborar con alguien de quien dudamos.

JOVEN: ¿Es una relación de confianza, entonces?

FILÓSOFO: Sí. Los seres humanos no podemos permitirnos no creer en los demás. Es imposible que no cooperemos y no dividamos el trabajo. Hablo de una relación en la que no cooperamos porque nos guste el otro, sino porque tenemos que hacerlo, nos guste o no. Quizás te ayude pensarlo así.

JOVEN: ¡Fascinante! En serio, me parece maravilloso. Por fin empiezo a entender qué son las relaciones de trabajo. La división de trabajo es necesaria para la supervivencia y solo la podemos llevar a cabo si hay confianza mutua. No hay alternativa. No podemos vivir solos y no confiar no es una opción. No tenemos más remedio que forjar relaciones. Es eso, ¿no?

FILÓSOFO: Sí. Es una tarea vital lo mires por donde lo mires.

TODAS LAS PROFESIONES SON RESPETABLES

JOVEN: Bueno, pasemos al meollo de la cuestión. Una relación en la que no hay más remedio que confiar. Una relación en la que no hay más remedio que cooperar. Esto va más allá del lugar concreto donde desempeñamos nuestro trabajo, ¿verdad?

FILÓSOFO: Sí. Supongo que la manera más fácil de entenderlo serían las relaciones de división de trabajo típicas entre los miembros de un equipo deportivo. Si quieren ganar el partido, no tienen más remedio que cooperar, al margen de si se caen mejor o peor entre ellos. No pueden ignorar a alguien solo porque les caiga mal, ni negarse a jugar porque no se llevan bien con el resto del equipo, ni nada de eso. En cuanto comienza el partido se olvidan de las afinidades y de las discrepancias. Tratan a sus compañeros de equipo no como a amigos, sino como a las distintas «funciones» del equipo. Y cada uno intenta desempeñar su función de la mejor manera posible.

JOVEN: Se antepone la habilidad a si la relación es buena o no.

FILÓSOFO: Probablemente sea inevitable. Hasta el punto de que el propio Adam Smith declaró que el interés personal es la base de la división del trabajo.

JOVEN: ¿El interés personal?

FILÓSOFO: Imagina que hay alguien que es experto en la construcción de arcos y flechas. Si usas los arcos y las flechas que fabrica, tu precisión mejorará drásticamente y tu capacidad para matar o herir también mejorará significativamente. Lo que pasa es que él no es un experto en caza. Es lento, es miope y, sencillamente, cazar no se le da bien, ni siquiera con sus extraordinarios arcos y flechas. Entonces, un día se le enciende la bombilla: «Me dedicaré exclusivamente a hacer arcos y flechas».

JOVEN: ¿Por qué?

FILÓSOFO: Si invierte todo su tiempo en hacer arcos y flechas, cada día terminará unas cuantas docenas. Si los reparte entre camaradas a quienes se les da bien cazar, es muy probable que derriben más piezas de las que hubieran podido cazar de otra manera. Luego le pueden dar una parte de las piezas que traigan a casa. Así, ambas partes maximizan sus beneficios.

JOVEN: Sí, ya lo veo. No se trata solo de colaborar. Se trata de que cada uno se centre en su ámbito de experiencia.

FILÓSOFO: Desde el punto de vista del cazador experto, no hay nada mejor que contar con arcos y flechas muy precisos. Se ahorrará tener que hacerlos él mismo y se podrá concentrar en la caza. Y luego podrá repartir la carne con los demás. Así se perfecciona un sistema de división del trabajo más avanzado y que va un paso más allá de, sencillamente, cazar en grupo.

JOVEN: Sí, parece muy razonable.

FILÓSOFO: Aquí lo importante es que nadie se está sacrificando. Es decir, la división del trabajo es fruto de la combinación de los distintos intereses personales. Ese orden económico fijo ha surgido como resultado de la búsqueda de interés personal. Esta es la división del trabajo de la que hablaba Adam Smith.

JOVEN: En una sociedad que aplica la división del trabajo, la búsqueda del interés personal acaba llevando al interés de la comunidad.

FILÓSOFO: Exacto.

JOVEN: Sin embargo, Adler recomienda que colaboremos con los demás, ¿no? Hace tres años insististe mucho en este punto. En que la colaboración con los demás es como una gran brújula vital, una estrella que nos guía. ¿No crees que se contradice a sí mismo con esta idea de dar prioridad al interés personal?

FILÓSOFO: No, no se contradice en absoluto. Nos embarcamos en relaciones de trabajo y nos vinculamos a otros y a la sociedad por interés personal. Por lo tanto, si colaboramos con los demás, es gracias a que hemos buscado el interés personal.

JOVEN: Ya, pero aun así es inevitable que surjan relaciones de superioridad y de inferioridad. Por ejemplo, imagina que alguien desempeña un trabajo muy importante, mientras que el de otra persona apenas tiene importancia. ¿Acaso no nos aleja eso del principio de igualdad?

FILÓSOFO: No, en absoluto. Si lo vemos desde el punto de vista de la división del trabajo, todas las profesiones son respetables. Tanto si uno es primer ministro como si es empresario, agricultor, obrero, o desempeña la tan ignorada profesión de ama de casa, todos los trabajos han de ser llevados a cabo por alguien en la comunidad. Todos y cada uno de nosotros hacemos nuestra parte.

JOVEN: Entonces, ¿todas las formas de trabajo tienen el mismo valor?

FILÓSOFO: Sí. Parafraseando a Adler en relación con la división del trabajo: «El valor de una persona se decide por cómo desempeña su función asignada en la comunidad basándose en la división del trabajo». En otras palabras, el valor de la persona no depende del tipo de trabajo que haga, sino de la actitud con la que lleve a cabo dicho trabajo.

JOVEN: ¿La actitud con que lo lleva a cabo?

FILÓSOFO: Sí. Por ejemplo, tú dejaste tu trabajo como bibliotecario y elegiste la vía de la educación. Hoy tienes a decenas de alumnos frente a ti y sientes que te han confiado sus vidas. Crees que tienes un trabajo importante, un trabajo útil para la sociedad. Quizás pienses incluso que la educación lo es todo y que otras profesiones son insignificantes en comparación.

Sin embargo, si tenemos en cuenta a la sociedad en su conjunto, siempre tiene que haber alguien que desempeñe el trabajo de bibliotecario, el de profesor de secundaria y el resto de las profesiones, por lo que no puede existir una inferior o superior a otra. Si alguien ha de ser superior o inferior, solo puede ser en términos de la actitud con la que hace su trabajo.

JOVEN: ¿Con qué actitud hacen el trabajo en ese caso?

FILÓSOFO: En principio, todas las habilidades de todas las personas se consideran importantes en las relaciones que se establecen a partir de la división del trabajo. Por ejemplo, si hablamos del trabajo en una empresa, el grado de habilidad se convierte en el criterio de contratación. Eso es innegable. Sin embargo, una vez que ha comenzado la división del trabajo, la habilidad por sí sola no basta para evaluar la personalidad o para juzgar cómo han de ser las relaciones. La pregunta más importante es: «¿Quiero trabajar con esta persona?». De otro modo, la colaboración será muy difícil.

El factor más importante a la hora de decidir si queremos o no trabajar con alguien o si queremos ayudar a alguien que lo está pasando mal es la integridad de la persona y la actitud con la que hacen su trabajo.

JOVEN: De acuerdo. Entonces, si realizamos el trabajo con integridad y con honestidad, no hay diferencia entre las personas que desempeñan trabajos que salvan vidas y las que se aprovechan de la debilidad de los demás y se dedica a la usura. ¿Es eso?

FILÓSOFO: No, no hay diferencia.

JOVEN: ¡Buf!

FILÓSOFO: La comunidad ofrece trabajos de todo tipo y es crucial que haya personas que los desempeñen. La diversidad es abundancia en sí misma. Si el trabajo carece de valor, nadie lo necesitará y desaparecerá por sí solo. Si no desaparece y sigue vivo, es que posee algún valor.

JOVEN: ¿Significa eso que la usura tiene un valor?

FILÓSOFO: Es natural que pienses así. Lo más peligroso que puede haber es una justicia mediocre que declare qué está bien y qué está mal. Una persona embriagada de justicia será incapaz de reconocer el valor de los demás y acabará emprendiendo una cruzada y apelando a la intervención de la justicia. Y las intervenciones de este tipo solo conducen a una sociedad uniformemente gris y privada de libertad. Haz el trabajo que más te plazca, sin importar a qué se dediquen los demás.

LO IMPORTANTE ES QUÉ HACEMOS CON LO QUE TENEMOS

JOVEN: Interesante. Eso a lo que llamas división adleriana del trabajo es un concepto muy interesante, sí. El ser humano es demasiado débil para vivir solo en la naturaleza. Por eso formamos grupos y por eso desarrollamos la «división del trabajo». Gracias a la división del trabajo podemos cazar mamuts y construir viviendas.

FILÓSOFO: Correcto.

JOVEN: Y la división del trabajo comienza por confiar en los demás, independientemente de que nos caigan mejor o peor. No podemos sobrevivir si no dividimos el trabajo. No podemos sobrevivir si no cooperamos con los demás, que es otra manera de decir que no podemos sobrevivir si no confiamos en los demás. En esto consisten las relaciones de división del trabajo y las relaciones de trabajo.

FILÓSOFO: Sí. Piensa, por ejemplo, en las normas de tráfico. Cruzamos un semáforo en verde porque confiamos en que el resto de las personas cumplirá las normas de tráfico. No confiamos en los demás incondicionalmente. Miramos a derecha e izquierda antes de cruzar. Pero, incluso así, confiamos en cierta medida en personas a las que ni siquiera conocemos. En este sentido, esto es también una relación de trabajo, porque satisface el interés compartido de un tráfico fluido.

JOVEN: Sí, creo que lo entiendo. De momento, no creo que haya nada que refutar en cuanto a la división del trabajo.

Pero imagino que no habrás olvidado que esta línea de conversación ha comenzado cuando has dicho que debería forjar relaciones de amistad con mis alumnos.

FILÓSOFO: No, no lo he olvidado.

JOVEN: Pues mira, en el contexto de la división del trabajo, esa afirmación pierde el poco sentido que tenía. ¿Por qué iba a querer forjar relaciones de amistad con mis alumnos? Es innegable que se trata de relaciones de trabajo, ¿no? Ni yo ni mis alumnos nos hemos elegido mutuamente. Son relaciones asignadas de forma mecánica entre personas que, al principio, eran puros desconocidos. No tenemos más remedio que cooperar para que avance el aula y alcancemos el objetivo de la graduación. Es una relación de trabajo que iniciamos porque compartimos un mismo interés.

FILÓSOFO: Sí, es natural que tengas dudas. Pero repasemos todo aquello de lo que hemos hablado hasta ahora. ¿Cuál es el objetivo de la educación? ¿Qué trabajo ha de desempeñar el educador? La conversación empezaba por ahí.

Adler llega a una conclusión muy sencilla. El objetivo de la educación es la autonomía, y el trabajo del educador consiste en ayudar a sus alumnos a alcanzarla. Creo que te has mostrado de acuerdo con esto.

JOVEN: Sí o, al menos, lo acepto.

FILÓSOFO: Entonces, ¿cómo podemos ayudar a los niños a adquirir autonomía? Cuando hablábamos de este tema, te decía que teníamos que «comenzar por el respeto».

JOVEN: Sí, efectivamente.

FILÓSOFO: ¿Y por qué por el respeto? ¿Qué es el respeto? Recordemos a Erich Fromm: «El respeto denota la capacidad de ver a una persona tal cual es; tener conciencia de su individualidad única».

JOVEN: Sí, me acuerdo.

FILÓSOFO: Apreciar a la persona tal cual es. Eres valioso tal y como eres. No hace falta ser especial. Ser uno mismo es valioso. A través del respeto, y transmitiendo esto, los niños recuperarán el valor perdido y comenzarán a subir los peldaños que llevan a la autonomía.

JOVEN: Sí, es un buen resumen de la conversación.

FILÓSOFO: Muy bien. La definición de respeto a la que hemos llegado es «valorar a la persona tal cual es». Entonces, ¿qué crees que constituye los cimientos del respeto? ¿La seguridad o la confianza?

JOVEN: ¿Cómo?

FILÓSOFO: Valoramos a la persona tal cual es, sin imponerle nuestro sistema de valores. Si lo podemos hacer, es solo porque aceptamos a esa persona y creemos en ella incondicionalmente. En otras palabras, tenemos seguridad en ella.

JOVEN: ¿El respeto y la seguridad son lo mismo?

FILÓSOFO: Sí, se podría decir que sí. O, dicho de otro modo, es imposible tener seguridad en alguien a quien no se respeta. Que podamos tener seguridad en alguien depende de si lo respetamos o no.

JOVEN: Ah, ya lo veo. El respeto abre la puerta a la educación. Y el respeto es seguridad. Por lo tanto, una relación basada en la seguridad es una relación de amistad. ¿Es un silogismo o solo me lo parece a mí?

FILÓSOFO: Sí, es eso. Es imposible respetar a los alumnos desde una relación de trabajo basada en la confianza. Y esa es precisamente la relación que tienes tú ahora.

JOVEN: No, no. El problema no es ese. Puedo tener una seguridad incondicional hacia mi mejor amigo, por ejemplo. Lo puedo aceptar tal cual es. Es muy posible que lo haga en una relación así.

Sin embargo, la cuestión no es el hecho de tener confianza, sino el objetivo de la misma. Me pides que forje relaciones de amistad con todos mis alumnos y que deposite en todos ellos una seguridad incondicional. ¿De verdad lo crees posible?

FILÓSOFO: Sí, por supuesto que lo creo.

JOVEN: ¿Cómo?

FILÓSOFO: Imagina, por ejemplo, una persona que critica a todos quienes la rodean y dice cosas como «no me gusta eso de esa persona», «esta faceta de esta persona es insoportable», etcétera. Y luego se lamenta: «Oh, es que tengo muy mala suerte. No se me da bien conocer gente».

¿Es cierto que tiene mala suerte a la hora de conocer gente? No. En absoluto. No es que tenga mala suerte con los camaradas que le han tocado. Lo que sucede es que ni siquiera ha intentado hacer amigos. En otras palabras, ni siquiera ha intentado forjar una relación interpersonal.

JOVEN: Entonces, ¿podemos ser camaradas de cualquiera?

FILÓSOFO: Sí, podemos. Es posible que, efectivamente, la relación entre tus alumnos y tú comenzara accidentalmente, solo porque se encontraban en el mismo sitio. Quizás hasta ese momento eran completos desconocidos y no sabían ni cómo te llamabas, ni te hubieran reconocido por la calle. Y quizás nunca serán lo que se dice mejores amigos.

Sin embargo, recuerda lo que dice Adler: «Lo importante no es con qué nacemos, sino qué hacemos con ello». Podemos respetar al otro y creer en él o ella independientemente de cómo sea. Porque es el resultado de una decisión firme que no tiene que ver ni con el entorno ni con el destinatario.

JOVEN: ¿Otra vez con eso? ¿Vuelves al problema del valor? ¡Dices que hay que atreverse a creer!

FILÓSOFO: Sí, todo acaba en el mismo lugar.

JOVEN: No, no es cierto. ¡No sabes lo que es la verdadera amistad!

FILÓSOFO: ¿Qué quieres decir?

JOVEN: Que no tienes buenos amigos de verdad y que no sabes qué es la amistad. ¡Por eso te puedes permitir hablar de esa manera! Estoy seguro de que nunca has mantenido más que relaciones superficiales. Por eso te permites decir que cualquier persona vale. Al final, resulta que eres tú el que ha huido de las relaciones interpersonales y de las tareas vitales.

El ser humano es una criatura pequeña y frágil en la naturaleza. Para compensar esta debilidad, creamos la sociedad y concebimos la división del trabajo. La división del trabajo es una estrategia de supervivencia incomparable y exclusiva de la especie humana. Así es como Adler define la división del trabajo. Si la conversación hubie-

ra acabado aquí, el joven habría aplaudido a Adler con entusiasmo. Sin embargo, cuando el filósofo empezó a hablar de la amistad, no lo convenció en absoluto. «Este tipo es capaz de razonar a la perfección la división del trabajo para, acto seguido, cambiar al tema de la amistad y empezar a defender ideales. ¡Y ya está otra vez con el tema del valor!»

¿CUÁNTOS BUENOS AMIGOS TIENES?

FILÓSOFO: Tú sí que tienes un mejor amigo, entonces.

JOVEN: Bueno, no sé lo que pensará él al respecto, pero sí. Tengo un amigo por el que siento esa seguridad incondicional de la que hablas.

FILÓSOFO: ¿Qué tipo de persona es?

JOVEN: Nos conocimos en clase, en la universidad. Quería ser novelista y yo era siempre el primero en leer sus obras. En plena noche, cuando todos los demás ya estaban durmiendo, se presentaba en la residencia donde vivía, con la voz temblorosa por la emoción: «¡Lee este relato breve que acabo de escribir!», o «¡Eh! ¡Acabo de leer un pasaje alucinante en una novela de Dostoyevski!». Incluso ahora, cada vez que termina un relato, me lo envía para que lo lea. Y cuando me contrataron como profesor, salimos juntos a celebrarlo.

FILÓSOFO: ¿Y fueron amigos íntimos desde el principio?

JOVEN: No, ¿cómo íbamos a serlo? Las amistades necesitan tiempo. No nos hicimos amigos de la noche a la mañana. Nos reíamos juntos, nos asombrábamos juntos y, al final, forjamos una relación de gran complicidad. Cultivamos la amistad poco a poco y acabamos siendo muy buenos amigos, aunque también tuvimos enfrentamientos potentes.

FILÓSOFO: Así que, dicho de otro modo, en algún momento pasó de ser un amigo más a ser un buen amigo. ¿Hubo algo concreto que te llevara a pensar en él como en un buen amigo?

JOVEN: Hum. Bueno, si tuviera que señalar un momento, imagino que sería cuando tuve la seguridad de que podía hablar con franqueza de cualquier tema con él.

FILÓSOFO: ¿Es que no se puede hablar con franqueza de cualquier tema con un amigo normal?

JOVEN: Le pasa a todo el mundo. Todos vamos por la vida con una máscara social y ocultamos lo que sentimos en realidad. Incluso cuando se trata de amigos con los que ríes y bromeas cada vez que te encuentras, nunca llegas a ver su verdadero rostro. Seleccionamos los temas de conversación, las actitudes y las palabras.

FILÓSOFO: ¿Por qué no te puedes quitar la máscara cuando estás con un amigo normal?

JOVEN: Porque si lo hiciera, la relación se iría al traste. Puedes proclamar tanto como quieras eso de «atrévete a no gustar», pero no creo que haya nadie en este mundo que desee activamente no gustar a los demás. Llevamos la máscara para evitar que surjan conflictos innecesarios y que la relación se rompa. Si no lo hiciéramos, la sociedad se desmoronaría.

FILÓSOFO: Te lo preguntaré más directamente: ¿lo haces para evitar que te hagan daño?

JOVEN: Sí, reconozco que sí... Está claro que no quiero que me hagan daño, y tampoco quiero hacer daño a nadie. Ya lo ves, no llevamos la máscara solo para protegernos a nosotros mismos. ¡Es un acto de bondad! Si siempre fuéramos por el mundo con nuestro rostro real y con nuestras emociones reales, haríamos daño a mucha gente. Imagina cómo sería el mundo si nos arrojásemos los sentimientos los unos a los otros... Sería un infierno, una carnicería.

FILÓSOFO: Vale. Pero cuando estás con tu mejor amigo, sí que te puedes quitar la máscara, y sabes que la relación no corre peligro ni siquiera si se hacen algo de daño, ¿verdad?

JOVEN: Claro, me la puedo quitar y sé que la relación seguirá adelante. Y si fuera él quien cometiera algún desliz, tampoco creo que fuera una razón para poner fin a la amistad. Porque esta se basa en aceptar las fortalezas y las carencias del otro.

FILÓSOFO: Parece una relación fantástica.

JOVEN: Y lo más importante es que hay poquísimas personas en este mundo que nos hagan sentir tan seguros. Te puedes considerar afortunado si encuentras a una en toda tu vida... Pero, por favor, volvamos a mi pregunta. ¿Tienes amigos íntimos o no? Porque hablas como si no supieras qué es un amigo íntimo o la amistad, como si solo tuvieras camaradas que conoces de leer libros y de soñar despierto.

FILÓSOFO: Sí, claro que tengo buenos amigos. Varios, de hecho. Y si me permites que use tus palabras, son personas a las que puedo mostrar mi «verdadero rostro». Y aunque cometieran alguna torpeza, no creo que eso fuera razón suficiente para poner fin a mi relación con ellos.

JOVEN: ¿Qué tipo de personas son? ¿Amigos de la universidad? ¿Camaradas filósofos, camaradas de la investigación adleriana?

FILÓSOFO: Tú, por ejemplo.

JOVEN: ¿Eh? ¿Cómo dices?

FILÓSOFO: Como ya te he dicho antes, te considero un amigo irremplazable. Nunca he llevado máscara en tu presencia.

JOVEN: ¿Significa eso que tienes una seguridad incondicional en mí?

FILÓSOFO: Claro. Este diálogo no sería posible de otro modo.

JOVEN: ¡No me lo creo!

FILÓSOFO: Pues es la verdad.

JOVEN: ¡Te estoy hablando en serio! ¿Crees que puedes manipular los sentimientos de los demás de esta manera, pedazo de charlatán? ¡No soy de los que se dejan embaucar solo porque les doran la píldora!

PRIMERO, CREE

FILÓSOFO: ¿Por qué estás tan empeñado en negar la seguridad?

JOVEN: Pero ¡si es al revés! Ojalá me dijeras de qué sirve creer en completos desconocidos y, además, creer en ellos sin condiciones... Creer incondicionalmente en el otro equivale a no cuestionarse nunca nada, es creer a ciegas. ¡Es lo mismo que decir que deberíamos ser ovejas obedientes!

FILÓSOFO: No, te equivocas. Creer no significa tragarse todo lo que uno oye ni hacer actos de fe. Podemos ser escépticos en lo que se refiere a las ideas, creencias y afirmaciones del otro. Podemos dar un paso atrás y reflexionar. No hay nada de malo en ello y, lo que es más, es importante que lo hagamos. Por otro lado, incluso si alguien nos miente, tenemos que creer en toda la persona entera que nos ha mentido.

JOVEN: ¿Eh?

FILÓSOFO: Creer en los demás no es una conducta pasiva en la que uno se traga todo lo que oye. La seguridad verdadera es una actitud activa.

JOVEN: ¿Qué quieres decir?

FILÓSOFO: Por ejemplo, a mí me gustaría que las ideas de Adler llegaran a tanta gente como fuera posible. Me gustaría transmitir las palabras de Adler. Sin embargo, yo solo no puedo hacer realidad ese deseo. Para que suceda, la persona que recibe mis palabras ha de tener la voluntad de escuchar, de escuchar atentamente lo que he de decir.

Entonces, ¿cómo consigo que alguien quiera recibir esas palabras y esté dispuesto a escucharlas con atención? No es algo que se pueda forzar con un «¡créeme!». La otra persona es libre de creer o no creer. Lo único que está en mi mano es creer en el otro, en la persona que me escucha. Eso es todo.

JOVEN: ¿Creer en el otro?

FILÓSOFO: Sí. Si te hablara de Adler sin confiar en ti, te entraría por un oído y te saldría por el otro. Independientemente de la validez de mi discurso, no tendrías la menor intención de escucharme ya desde el principio. Y sería normal.

Sin embargo, como quiero que creas en mí y en las palabras de Adler, soy yo quien ha de creer antes en ti, incluso si te esfuerzas en no creer.

JOVEN: ¿Quieres que crea en ti, así que antes tienes que creer tú en mí?

FILÓSOFO: Exacto. Piensa, por ejemplo, en los padres que no creen en sus hijos y que se preocupan por multitud de cosas. Por razonables que sean sus argumentos, no conectarán con los niños. De hecho, cuanto más razonables sean, más se opondrán los niños a ellos. ¿Por qué? Porque sus padres no los ven tal y como son y los sermonean como siempre, desde una profunda desconfianza.

JOVEN: Sí, la verdad es que veo a diario cómo los argumentos más razonables no dan nunca en la diana.

FILÓSOFO: Intentamos no creer únicamente en las palabras de «alguien que cree en mí». No juzgamos al otro por lo acertado o erróneo de su opinión.

JOVEN: Sí, puedo aceptar que esto sucede, pero, al final, siempre llega el momento en que alguien cuestiona si tienes razón o no.

FILÓSOFO: Todos los conflictos, desde las rencillas menores a las guerras entre países, son resultado de choques entre «razones». La razón adopta formas muy distintas en función de la época, del entorno o de las posturas individuales y, vayamos donde vayamos, nunca habrá una sola razón ni una sola respuesta. La verdad es que me parece peligroso dar demasiado valor a «tener razón».

Lo que hay que hacer es intentar encontrar un terreno común. Buscamos la manera de conectar con los demás, nos queremos dar la mano. Y si quieres darle la mano a alguien, tienes que extender la tuya.

JOVEN: ¡Otra vez con conceptos arrogantes! ¿Por qué? Cuando dices que crees en mí, lo que piensas en realidad es: «Así que tú tienes que creer en mí». ¿Es eso?

FILÓSOFO: No, en absoluto. No se puede forzar. Creo en ti, tanto si tú crees en mí como si no. Yo seguiré creyendo en ti. Eso es lo que significa «incondicional».

JOVEN: Pues escúchame bien ahora. No creo en ti. Ahí lo tienes. No creo que sigas diciendo que crees incondicionalmente en mí después de que te haya rechazado con tanta firmeza y crueldad.

FILÓSOFO: Sí, te lo digo. Creo en ti de la misma manera que creía en ti hace ya tres años. Si no fuera así, no podríamos mantener conversaciones tan prolongadas e intensas. Si no creemos en el otro, no podemos mantener discusiones directas. No pensaríamos que podemos «hablar con franqueza de cualquier tema», por usar las admirables palabras que has usado antes.

JOVEN: ¡Imposible! No me puedo creer esas palabras.

FILÓSOFO: No pasa nada. Yo seguiré creyendo. Creeré en ti y en todos los seres humanos.

JOVEN: ¡No me digas! ¿Ahora te ha dado por la religión?

LA GENTE NO SE ENTIENDE

FILÓSOFO: Creo que ya te lo he dicho antes, pero no practico ninguna religión concreta. Sin embargo, tampoco podemos pasar por alto el poder del cristianismo, del budismo y de las formas de pensamiento que se han cultivado y refinado durante milenios. Porque contienen verdades universales que sobreviven aún hoy. Por ejemplo, ¿conoces la expresión «ama a tu prójimo» de la Biblia?

JOVEN: Sí, por supuesto. Es ese amor al prójimo del que tanto te gusta hablar.

FILÓSOFO: La frase circula por ahí, pero mucha gente olvida una parte muy importante. El Evangelio según Lucas, en el Nuevo Testamento, dice: «Amarás al prójimo como a ti mismo».

JOVEN: ¿Como a ti mismo?

FILÓSOFO: Sí, eso. No solo dice que tenemos que amar al prójimo, sino que añade que lo tenemos que amar como nos amamos a nosotros mismos. Si no nos amamos a nosotros mismos, no podremos amar a los demás. Si no creemos en nosotros mismos, no podremos creer en los demás. Piensa en esa frase con esa connotación. Insistes en que no puedes creer en los demás, pero eso es porque aún no has conseguido creer de verdad en ti mismo.

JOVEN: Estás haciendo demasiadas suposiciones.

FILÓSOFO: El egocentrismo no consiste en pensar siempre en uno mismo porque uno se gusta. En realidad, es justo lo contrario. Uno se ocupa únicamente de sí mismo porque no se acepta tal y como es, y eso le produce una angustia constante.

JOVEN: Entonces, ¿dices que no me gusto a mí mismo y, por eso, solo me miro a mí?

FILÓSOFO: Sí, eso es.

JOVEN: ¡Qué psicología más desagradable!

FILÓSOFO: Lo mismo sucede con los demás. Por ejemplo, si pensamos en una expareja con la que acabamos mal, durante un tiempo solo pensamos en todo lo malo de esa persona. Eso demuestra que queremos sentir que nos alegramos de haberlo dejado y que aún albergamos cierta incertidumbre respecto a la decisión. Si no nos decimos que nos alegramos de haberlo dejado, quizás nos arrepintamos.

Y si recordamos lo bueno de nuestro ex, significa que no necesitamos que esa persona nos desagrade activamente y que nos podemos librar de lo que sentimos por ella. Sea como sea, lo que importa no es si la otra persona nos gusta o no ahora, sino si nosotros nos gustamos a nosotros mismos.

JOVEN: Hum.

FILÓSOFO: Aún no has aprendido a gustarte a ti mismo. En consecuencia, no crees en los demás, no crees en tus alumnos y no forjas relaciones de amistad. Ese es precisamente el motivo por el que ahora buscas la sensación de pertenencia a través del trabajo. Intentas demostrar tu valía teniendo éxito en el trabajo.

JOVEN: ¿Y qué tiene eso de malo? El reconocimiento en el trabajo es un reconocimiento social.

FILÓSOFO: No. En principio, podríamos decir que lo que se reconoce como resultado de tu trabajo no eres tú en tanto que persona, sino las «funciones» que desempeñas. Si aparece alguien con «funciones» superiores, quienes te rodean se dirigirán a esa otra persona. Así funciona el principio del mercado, el principio de la competencia. Y, como resultado, nunca podrás escapar del vórtice de la competición y nunca adquirirás un verdadero sentimiento de pertenencia.

JOVEN: Entonces, ¿cómo se puede adquirir un verdadero sentimiento de pertenencia?

FILÓSOFO: Hay que confiar en los demás y forjar relaciones de amistad. Esa es la única manera. No podemos ser felices solo a través del trabajo.

JOVEN: Pero… Por mucho que crea en alguien, no tengo manera de saber si esa persona creerá en mí o si querrá forjar una relación de amistad conmigo.

FILÓSOFO: Ahí es donde entra en juego la separación de tareas. Lo que la otra persona sienta por ti y la actitud que adopte ante ti escapa por completo a tu control. Son tareas que le corresponden a él o ella.

JOVEN: No, eso no tiene sentido alguno. Si la separación de tareas es un requisito previo, ¿no quiere eso decir que en realidad no nos llegamos a conocer nunca?

FILÓSOFO: Es imposible saber todo lo que piensa el otro, eso es así. Creemos en el otro en tanto que ser incognoscible. En eso consiste la seguridad. Los seres humanos no nos podemos conocer entre nosotros y es precisamente por eso que creer en los demás es la única vía posible.

JOVEN: ¡Ja! Así que, a fin de cuentas, todo lo que dices es como la religión.

FILÓSOFO: Adler fue un pensador que se atrevió a creer en el ser humano. De hecho, y dada la situación en que se encontró, es posible que tampoco le quedara más remedio.

JOVEN: ¿Qué quieres decir?

FILÓSOFO: Creo que este es el momento ideal para examinar las circunstancias que llevaron a Adler a presentar el concepto de «sentimiento de comunidad». ¿Por qué se arriesgó a presentar su idea cuando sabía que era muy probable que lo criticaran duramente? Si lo hizo, fue porque tenía un motivo muy importante.

LA VIDA ESTÁ HECHA DE TRIBULACIONES, DE «DÍAS INSIGNIFICANTES»

JOVEN: ¿Por qué desarrolló el concepto de «sentimiento de comunidad»?

FILÓSOFO: Adler llamó «psicología individual» a su orientación psicológica en 1913, el mismo año en que rompió con Freud y el anterior al estallido de la primera guerra mundial. Podríamos decir que la psicología adleriana ha estado en guerra desde el principio.

JOVEN: ¿Adler sirvió en la guerra?

FILÓSOFO: Sí. Tenía cuarenta y cuatro años cuando estalló la primera guerra mundial y lo reclutaron como oficial médico en el departamento de neurología y de psiquiatría de un hospital militar. Su trabajo en tanto que oficial médico era uno y solo uno: tratar a los soldados a su cuidado para que pudieran regresar al frente lo antes posible.

JOVEN: ¿Para que volvieran al frente? Bueno, el propósito del tratamiento está más que claro.

FILÓSOFO: Sí, estás en lo cierto. Los soldados a los que trataba volvían al frente y, sin tratamiento, nunca hubieran podido volver a la sociedad. Adler había perdido a su hermano pequeño durante la infancia y siempre había soñado con ser médico, por lo que sus labores como oficial médico le tuvieron que resultar extraordinariamente duras. Más adelante, al hablar de ese periodo, dijo que se sintió prisionero durante toda la guerra.

JOVEN: No puedo ni imaginar lo difícil que tuvo que ser para él.

FILÓSOFO: La primera guerra mundial, que había comenzado como la «guerra que pondría fin a todas las guerras», se convirtió en una guerra total sin precedentes que arrasó Europa y que arrastró a la población civil. Huelga decir que la tragedia ejerció un efecto profundo en Adler y en otros psicólogos de la época.

JOVEN: ¿Cómo los afectó en concreto?

FILÓSOFO: Por ejemplo, después de la guerra, Freud propuso la existencia de una «pulsión de muerte» que luego se conocería como «Tánatos» o «destrudo». Aunque se ha interpretado de múltiples maneras, la mejor manera de entender el concepto es como un «impulso destructor de vida».

JOVEN: Sin un impulso semejante, hubiera sido imposible explicar las tragedias que se desplegaban ante ellos.

FILÓSOFO: Imagino que fue así. Por otro lado, Adler, que había experimentado esa misma guerra en primera línea de frente y desde el punto de vista de un oficial médico, propuso el «sentimiento de comunidad», prácticamente lo contrario de lo que había propuesto Freud. Creo que esto es algo que hay que destacar.

JOVEN: ¿Por qué planteó el sentimiento de comunidad en ese momento?

FILÓSOFO: Adler era una persona pragmática y creo que, en lugar de centrarse en la guerra, en el asesinato o en las causas de la violencia como había hecho Freud, prefirió centrarse en qué podemos hacer para poner fin a las guerras.

¿El ser humano anhela por naturaleza la guerra, la muerte y la violencia? Es inconcebible. Si cultivásemos el sentimiento de comunidad, es decir, la conciencia de que deberíamos considerar a todos los demás como nuestros camaradas, evitaríamos los conflictos. Y, lo que es más, podemos conseguirlo. Adler creía en las personas.

JOVEN: Ya, pero planteó unos ideales tan vacíos que lo acusaron de acientífico.

FILÓSOFO: Sí, lo criticaron con dureza y perdió a muchos

camaradas. Sin embargo, Adler no era acientífico en absoluto. Era constructivo. Su principio era que lo importante no es qué tenemos, sino qué hacemos con ello.

JOVEN: Pues sigue habiendo guerras en el mundo.

FILÓSOFO: Sí, es cierto que los ideales de Adler no se han materializado aún. Y es lícito que nos preguntemos si se materializarán algún día. Sea como sea, lo que sí podemos hacer es progresar hacia esos ideales. De la misma manera que un ser humano siempre puede seguir creciendo como individuo, la especie humana en su conjunto debería poder seguir creciendo. No debemos usar la infelicidad de la situación actual como excusa para abandonar nuestros ideales.

JOVEN: Entonces, si no abandonamos nuestros ideales, ¿llegará el día en que no haya guerras?

FILÓSOFO: Una vez, alguien le preguntó a la Madre Teresa qué podía hacer para promover la paz mundial y esta le respondió: «Vete a casa y ama a tu familia». Es lo mismo que el sentimiento de comunidad de Adler. En lugar de hacer algo por la paz mundial, ten seguridad en la persona que tienes frente a ti. Sé el camarada de la persona que tienes enfrente. Día tras día, la acumulación de seguridad acabará por poner fin al conflicto entre naciones.

JOVEN: Entonces, tenemos que pensar en lo que tenemos enfrente.

FILÓSOFO: Para bien o para mal, es lo único acerca de lo que podemos hacer algo. Si queremos acabar con el conflicto en el mundo, antes tenemos que acabar con el conflicto en nosotros. Si quieres que tus alumnos crean en ti, tienes que creer primero en ellos. En lugar de intervenir en la historia dejándote al margen, da el primer paso para integrarte en el todo.

JOVEN: Sí, ya hablaste de ello hace tres años. Me dijiste: «Comienza».

FILÓSOFO: Sí. «Alguien tiene que empezar. Aunque los demás no colaboren, no tiene nada que ver contigo. Mi consejo es que empieces ya, independientemente de si los demás colaboran o no». Esta fue la respuesta de Adler cuando le preguntaron acerca de la efectividad del sentimiento de comunidad.

JOVEN: ¿Cambiará el mundo el primer paso que dé?

FILÓSOFO: Quizás sí y quizás no. Pero no hay que pensar en los resultados ni en nada parecido. Lo único que puedes hacer es tener seguridad en las personas próximas a ti. Y ya está.

Nuestras tribulaciones y decisiones en tanto que seres humanos no solo competen a eventos significativos como los exámenes de acceso a la universidad, encontrar trabajo o casarse. Nuestras tribulaciones son los «días insignificantes», la vida cotidiana, el aquí y el ahora. Es ahí donde debemos tomar las decisiones cruciales. Es muy poco probable que las personas que consiguen evitar esas tribulaciones mundanas sean felices de verdad.

JOVEN: Hum.

FILÓSOFO: Antes de discutir sobre la situación en el mundo, piensa en el prójimo. Piensa en tus relaciones interpersonales en los «días insignificantes». Eso es todo lo que podemos hacer.

JOVEN: Ya. «Ama al prójimo como a ti mismo».

DA Y TE SERÁ DADO

FILÓSOFO: Veo que aún no estás convencido del todo.

JOVEN: No. Por desgracia, aún hay bastantes cosas que no me convencen. Tal y como has dicho, mis alumnos me desprecian. Pero no son los únicos. Casi nadie reconoce que valgo algo; se limitan a ignorar mi existencia.

Creo que si me valoraran y me escucharan, mi actitud cambiaría. Es posible que incluso pudiera sentir seguridad con respecto a ellos. Pero la realidad es muy distinta. Me tienen en muy poca estima y siempre ha sido así.

En esta situación, solo puedo hacer una cosa: obligarlos a recocer mi valía mediante mi trabajo. Eso es todo. La seguridad, el respeto… ¡todo eso vendrá luego!

FILÓSOFO: ¿Quieres decir que los demás han de ser los primeros que nos valoren y que el éxito en el trabajo es un medio para conseguir el respeto de los demás?

JOVEN: Sí.

FILÓSOFO: Ya veo. Piénsalo de esta otra manera. Mostrar seguridad incondicional por el otro. Respetarle. Eso es «dar».

JOVEN: ¿Dar?

FILÓSOFO: Sí. Será más fácil de entender si hablamos de dinero. Básicamente, solo las personas acomodadas pueden dar dinero a los demás. Si uno no ha ahorrado lo suficiente, no puede dar nada a nadie.

JOVEN: Sí, de acuerdo. Así parece muy lógico.

FILÓSOFO: Tú quieres que te den cuando aún no has dado

nada. Como un mendigo. No es que seas pobre económicamente hablando. Eres pobre de espíritu.

JOVEN: ¡Eres un c…!

FILÓSOFO: Tenemos que cultivar la abundancia en nuestro corazón y dar a otros lo que hemos ahorrado. No podemos esperar a que los demás nos respeten, sino que somos nosotros quienes debemos empezar por respetarlos y demostrarles que creemos en ellos. No debemos ser pobres de espíritu.

JOVEN: Esto no es un objetivo filosófico. ¡Y tampoco tiene nada que ver con la psicología!

FILÓSOFO: Ja, ja, ja. Bueno, pues daré un paso más y volveré a citar la Biblia. ¿Conoces la frase «pide y se te dará»?

JOVEN: Sí, la he oído en alguna ocasión.

FILÓSOFO: Probablemente, Adler lo diría de otra manera: «Da y te será dado».

JOVEN: ¡Caramba!

FILÓSOFO: Nos dan porque hemos dado. No debemos esperar a que nos den. Ni convertirnos en mendigos de espíritu. Esto es de gran importancia cuando hablamos de otra relación interpersonal, la que sucede al «trabajo» y a la «amistad».

JOVEN: Otra, en términos de…

FILÓSOFO: Al principio de la conversación, te he dicho que todo de lo que estábamos hablando se podía resumir en una sola palabra: «amor». No hay tarea más estricta ni más difícil, y no hay tarea que exija más valor que el amor del que habla Adler. Sin embargo, al mismo tiempo, embarcarnos en él nos puede ayudar a subir los peldaños que llevan a entender a Adler. De hecho, no exagero al decir que es la única manera.

JOVEN: Los peldaños que llevan a entender a Adler.

FILÓSOFO: ¿Te atreves a subirlos?

JOVEN: Me es imposible responder a esa pregunta si no me muestras la escalera o lo que sea. Una vez que la haya visto, decidiré si quiero subir por ella o no.

FILÓSOFO: De acuerdo. Pues pasemos al «amor», que es la última de las tareas vitales y también la escalera que lleva a entender a Adler.

Parte V

ELIGE LA VIDA QUE AMAS

El joven tenía que admitir que era cierto. Al principio de la conversación, el filósofo le había advertido que todos los problemas que el joven experimentaba se podían resumir hablando del amor y, después de varias horas hablando, por fin habían llegado a ese tema. «De todos modos, ¿cómo se supone que voy a hablar del amor con este hombre? ¿Qué sé yo del amor?». Bajó la mirada y vio la libreta, llena de garabatos que apenas podía descifrar. Se sentía algo inseguro de sí mismo y el silencio se le empezó a hacer insoportable, así que soltó una carcajada.

EL AMOR NO ES UN FLECHAZO

JOVEN: Ja, ja, ja. Es divertido, no me lo negarás.

FILÓSOFO: ¿Qué es divertido?

JOVEN: Es que me da risa, no lo puedo evitar. Dos hombres desaliñados debatiendo en este pequeño estudio e intentando hablar del «amor». ¡Y en plena noche!

FILÓSOFO: Sí, la verdad es que si uno lo piensa, no es demasiado habitual.

JOVEN: Entonces, ¿de qué quieres hablar ahora? ¿Y si me explicas la historia de tu primer amor? El joven filósofo, sonrojado y enamorado. ¿Qué será de él? Ja, ja. Suena interesante.

FILÓSOFO: Hablar directamente del amor y del romance da apuro. Eres joven y sé muy bien que te vales del sarcasmo para disimularlo. No eres el único. Muchas personas se quedan mudas cuando se enfrentan al amor y lo dejan pasar con generalizaciones vacuas. Como resultado, la mayoría de las conversaciones acerca del amor no consiguen aprehender su esencia.

JOVEN: En cambio, a ti te resulta fácil, ¿eh? Dime, ¿qué son esas «generalizaciones vacuas» acerca del amor?

FILÓSOFO: Por ejemplo, el amor idealista que no concibe ser mancillado y que idolatra al otro. O, por el contrario, el amor animal que sucumbe al impulso sexual. O también el amor biológico, cuyo objetivo es transmitir los propios genes a la siguiente generación. La mayoría de las representaciones del amor en el mundo giran en torno a uno de estos tres tipos.

Con esto no quiero decir que no podamos entender todos estos tipos de amor, por supuesto que podemos. Es obvio que existen. Sin embargo, al mismo tiempo, deberíamos ser conscientes de que falta algo. Porque solo oímos hablar del «amor divino» conceptual y del «amor animal» instintivo, pero nadie habla del «amor humano».

JOVEN: Un amor humano que ni es divino ni es animal.

FILÓSOFO: ¿Por qué crees que nadie intenta entender qué es el amor humano? ¿Por qué crees que nadie intenta hablar del amor real?

JOVEN: Bueno... imagino que quizás es porque hablar del amor da cierto apuro. Es algo íntimo que, por lo general, uno quiere mantener oculto. Pero cuando se trata de ese amor por la humanidad que defiende la religión, la gente está encantada de hablar de ello. En cierto sentido, es asunto de todos y es poco más que una teoría imposible de poner en práctica. Por el contrario, hablar del amor que surge de uno mismo es más complicado.

FILÓSOFO: ¿Porque tiene que ver con un «yo» inextricablemente implicado?

JOVEN: Sí, da tanta vergüenza como salir a la calle desnudo. Y eso no es todo. El enamoramiento es un acto prácticamente inconsciente. Por eso cuesta tanto hablar de ello usando un lenguaje lógico.

Supongo que es como cuando un espectador se emociona al ver una obra de teatro o una película y no puede explicar por qué llora. Si las lágrimas fueran racionales y se pudieran explicar con palabras, no se habrían derramado.

FILÓSOFO: Ya veo. El amor romántico es fruto del inconsciente, un flechazo. Es un impulso incontrolable y quedamos sin remedio a merced de la tormenta... ¿Es eso?

JOVEN: Sí, claro que sí. El amor no avanza de forma calculada, nadie lo puede controlar. Por eso suceden tragedias como la de *Romeo y Julieta*.

FILÓSOFO: De acuerdo. Creo que hablas del amor desde

una perspectiva derivada del pensamiento social normativo. Sin embargo, Adler, un filósofo que cuestionó el pensamiento normativo de la sociedad, abordó el amor desde otro punto de vista y, de hecho, planteó ideas antitéticas a las del pensamiento social normativo. Por ejemplo, creía que «el amor no es una función pura y natural como piensan algunos psicólogos».

JOVEN: ¿Qué se supone que quiere decir eso?

FILÓSOFO: En resumen, que, para el ser humano, el amor no está prescrito por el destino y tampoco surge espontáneamente. Es decir, el amor no es una flecha caída del cielo.

JOVEN: Entonces, ¿qué es?

FILÓSOFO: Es algo que construimos. Ese amor fruto del inconsciente está al alcance de cualquiera y no merece ser llamado tarea vital. La tarea de amor es difícil porque la construimos desde cero y a base de fuerza de voluntad.

Muchas de las personas que hablan sobre el amor desconocen este principio. Por eso tienen que recurrir a palabras como «destino», que no tiene nada que ver con el ser humano, o apelar al instinto animal. Evitan mirar de frente la tarea que debería ser la más importante para ellos, como si estuviera fuera del alcance de la voluntad o del esfuerzo. Casi me atrevería a decir que no aman.

JOVEN: ¿Que no aman?

FILÓSOFO: No. Probablemente también sea tu caso, porque hablas del amor como de un acto fruto del inconsciente. El amor humano no es ni divino ni animal.

DE «EL ARTE DE SER AMADO» A «EL ARTE DE AMAR»

JOVEN: Puedo refutar de mil maneras distintas lo que acabas de decir. Mira, todos sabemos lo que es un flechazo, nos pasa a todos tarde o temprano. Estoy seguro de que tú no eres la excepción. Si eres un ser humano que vive en este mundo, es inevitable que experimentes una y otra vez la tempestad del amor, el impulso irrefrenable del amor. Es decir, que el flechazo existe. Reconócelo.

FILÓSOFO: Piénsalo así. Imagina que quieres comprar una cámara de fotos. Te has quedado prendado de una cámara de fabricación alemana, una réflex de objetivos gemelos que viste un día en un escaparate. Aunque nunca has tocado la cámara y ni siquiera sabes cómo enfocar el objetivo, anhelas poseerla algún día. La llevarías siempre encima y harías fotografías siempre que te sintieras inspirado... No tiene por qué ser una cámara. Pueden ser zapatos, un automóvil, un instrumento musical... Cualquier cosa. ¿Puedes imaginar esa emoción?

JOVEN: Sí, la conozco muy bien.

FILÓSOFO: En ese momento, la obsesión que sientes por la cámara es lo mismo que un flechazo, ya que te ves azotado por una tempestad de deseo infinito. Ves su imagen cuando cierras los ojos y en los confines más remotos de tus oídos te parece oír el clic del obturador. No te cabe otra cosa en la cabeza. Si fueras un niño, te pasarías el día gimoteando y suplicando a tus padres que te la compraran.

JOVEN: Sí, seguro.

FILÓSOFO: Entonces, compras la cámara y, cuando aún no han pasado ni seis meses, ya te has cansado de ella. ¿Por qué te has cansado de ella tan rápidamente una vez que la has conseguido? No es que quisieras hacer fotografías con una cámara alemana. Lo que querías era adquirir, poseer y triunfar. Ese flechazo del que hablas no es distinto al deseo de poseer o al deseo de triunfo.

JOVEN: ¿Así que sentir un flechazo por alguien es como obsesionarse por cosas materiales?

FILÓSOFO: Bueno, es obvio que, como la otra parte es un ser humano de carne y hueso, añadir una historia romántica resulta fácil. Pero, básicamente, es lo mismo que el deseo por cosas materiales.

JOVEN: ¡Bah! Qué bobada.

FILÓSOFO: ¿Por qué? ¿Qué pasa?

JOVEN: ¿Qué sabrás tú de la gente? ¡Por mucho que prediques el amor al prójimo, destilas nihilismo! ¿Qué amor humano? ¿Qué antítesis al pensamiento social normativo? ¡Puedes coger esas ideas y metértelas donde te quepan!

FILÓSOFO: Creo que quizás no has acabado de entender un par de cosas respecto a la premisa de esta conversación. La primera es que tú te centras en la historia de la Cenicienta y sus zapatitos de cristal hasta que se casa con el príncipe. Por el contrario, Adler se centra en su relación una vez que se han casado, una vez que han terminado los créditos de cierre y la película ha llegado a su fin.

JOVEN: ¿Su relación una vez que se han casado?

FILÓSOFO: Sí. Incluso si su amor apasionado conduce al matrimonio, ese no es el objetivo del amor. En realidad, el matrimonio no es más que el punto de partida de su amor. La vida real continúa, día tras día, a partir de entonces.

JOVEN: Entonces, ¿el amor del que habla Adler es el matrimonio?

FILÓSOFO: Y luego está la otra cuestión. Adler invirtió mucho tiempo y energía en dar conferencias y, al parecer, la gran mayoría de las preguntas que le formulaba el público tenían que ver con el amor. Hay muchos psicólogos en el mundo que defienden el arte de ser amado por otra persona, de cómo ser amado por la persona que uno desea. Y es posible que ese fuera el tipo de consejo que el público de Adler esperaba de él.

Sin embargo, Adler hablaba de un amor muy distinto. Una y otra vez, defendía el arte de amar activamente, es decir, el arte de amar a otro.

JOVEN: ¿El arte de amar?

FILÓSOFO: Sí. Para entender esta forma de pensar, podemos recurrir a Erich Fromm además de a Adler. De hecho, publicó un libro titulado *El arte de amar*, que fue un éxito de ventas en todo el mundo.

No negaré que ser amado por otro es difícil. Pero amar a otro es una tarea aún más ardua.

JOVEN: Pero ¿quién se va a creer semejante tontería? Hasta el más ignorante puede amar a otro. ¡Lo difícil es que lo quieran a uno! ¡No exagero al decir que esa frase resume la ansiedad del amor!

FILÓSOFO: Sí, de hecho yo pensaba lo mismo. Pero ahora que conozco a Adler, que he puesto en práctica su concepción de la crianza y que he conocido un gran amor, pienso justo lo contrario. Esta idea conecta con lo más profundo de Adler. Cuando seas consciente de la dificultad que entraña amar a otro, entenderás a Adler por completo.

EL AMOR ES UNA TAREA QUE LLEVAN A CABO DOS PERSONAS

JOVEN: ¡No! ¡No pienso ceder! Si lo único que hubiera que hacer es amar, cualquiera podría hacerlo. Cualquiera, por retorcida que sea su personalidad o por mucho que haya fracasado en la vida, anhela a alguien. En otras palabras, todos podemos amar a otro. Por el contrario, ser amado es extremadamente difícil… Yo mismo soy ejemplo de ello. Mira qué pinta tengo y, para rematarlo, cuando tengo a una mujer delante, me sonrojo, se me pone voz de pito y me es imposible centrar la mirada. No tengo una buena posición social y tampoco es que sea nada del otro mundo económicamente hablando. Por si todo eso no fuera suficiente, soy cínico. ¿Quién iba a querer a alguien como yo?

FILÓSOFO: ¿Has amado a alguien hasta ahora?

JOVEN: Sí, claro.

FILÓSOFO: ¿Y te resultó fácil?

JOVEN: ¡La cuestión no es si es fácil o es difícil! No te das ni cuenta y, de repente, ¡zas!, un flechazo. Te has enamorado de alguien y no te lo puedas sacar de la cabeza. ¡Eso es el amor!

FILÓSOFO: ¿Y estás enamorado de alguien ahora?

JOVEN: No…

FILÓSOFO: ¿Por qué? Si amar es tan fácil…

JOVEN: ¡Uf! Hablar contigo es como hablar con una máquina sin corazón. Amar es fácil. Lo es, sin duda. Lo difícil es encontrar a alguien a quien amar. Ese es el problema: encontrar a la persona a la que has de amar. Cuando la encuentras, la tormenta del amor estalla dentro de ti. Una tormenta violenta e imposible de detener.

FILÓSOFO: Ya veo. El amor no es una cuestión de «arte», sino de «objetivo». Lo más importante del amor es encontrar a quien amar, no aprender a hacerlo.

JOVEN: ¡Eso es!

FILÓSOFO: Bueno, hablemos de cómo define Adler las relaciones amorosas.

JOVEN: Venga. Seguro que es otra más de sus teorías idealistas, ¡qué pesadez!

FILÓSOFO: Lo primero que dice Adler es que «nos educan para que desempeñemos tareas que debemos llevar a cabo solos y trabajos que requieren la colaboración de veinte personas. Sin embargo, no nos educan para la tarea que han de desempeñar dos personas».

JOVEN: ¿La tarea que han de desempeñar dos personas?

FILÓSOFO: Por ejemplo, el bebé que apenas era capaz de darse la vuelta en la cama consigue ponerse en pie y caminar. Es una tarea que ha de llevar a cabo por sí solo, nadie puede hacerlo por él. Levantarse, caminar, aprender palabras y aprender a comunicarse... La filosofía, las matemáticas, la física y cualquier otro campo de estudio serían también tareas que uno ha de completar solo.

JOVEN: Sí, supongo que sí.

FILÓSOFO: Por el contrario, el trabajo es una tarea que debemos llevar a cabo con nuestros camaradas. Incluso trabajos que a primera vista parecen individuales (por ejemplo, el de pintor), exigen siempre la presencia de colaboradores. Las personas que fabrican la pintura y los pinceles, las personas que fabrican los lienzos y los caballetes, los compradores, los marchantes de arte... No existe ningún trabajo que se pueda llevar a cabo sin otras personas y sin cooperación.

JOVEN: Sí, es cierto.

FILÓSOFO: Tanto en casa como en la escuela nos ofrecen educación suficiente tanto acerca de las tareas que hemos de completar solos como de los trabajos que hemos de llevar a cabo en colaboración con nuestros camaradas. Es así, ¿verdad?

JOVEN: Sí, así es. En nuestra escuela también lo enseñamos.

FILÓSOFO: La cuestión es que no recibimos educación alguna acerca de la tarea que han de llevar a cabo dos personas.

JOVEN: Y la tarea que han de llevar a cabo dos personas es...

FILÓSOFO: El amor del que habla Adler.

JOVEN: Así que el amor es una tarea que llevan a cabo dos personas. Pero no aprendemos el arte de amar... ¿Lo he entendido bien?

FILÓSOFO: Sí.

JOVEN: Ja, ja, ja. Te habrás dado cuenta de que no me convences en absoluto, ¿no?

FILÓSOFO: Sí, y esto solo era el principio. ¿Qué es el amor para el ser humano? ¿Qué diferencias hay entre el amor y las relaciones de trabajo o de amistad? ¿Por qué necesitamos amar a otras personas? Falta poco para que amanezca, no nos queda mucho tiempo. Reflexionemos juntos sobre esto y aprovechemos hasta el último minuto.

CAMBIA EL SUJETO DE TU VIDA

JOVEN: Muy bien, pues entonces te lo preguntaré directamente. El amor es una tarea que llevan a cabo dos personas... Este es un ejemplo perfecto de cuando haces ver que dices algo, pero en realidad no has dicho nada. ¿Qué se supone que hacen esas dos personas?

FILÓSOFO: Ser felices. Alcanzar la felicidad.

JOVEN: ¡Caramba! ¡Has respondido a la primera!

FILÓSOFO: Todos queremos ser felices. Vivimos en busca de una vida más feliz. Estarás de acuerdo conmigo en eso, al menos.

JOVEN: Sí, por supuesto.

FILÓSOFO: Y para ser felices, tenemos que dar ciertos pasos en nuestras relaciones interpersonales. Todos los problemas humanos tienen que ver con las relaciones interpersonales. Y toda la felicidad humana se deriva también de las relaciones interpersonales. Ya lo he comentado en varias ocasiones.

JOVEN: Sí, ese es precisamente el motivo por el que nos tenemos que embarcar en las tareas vitales.

FILÓSOFO: Concretamente, ¿qué es la felicidad para el ser humano? Hace tres años te hablé de la conclusión a la que Adler había llegado respecto a la felicidad: «La felicidad es el sentimiento de colaboración».

JOVEN: Bueno, es una conclusión bastante atrevida.

FILÓSOFO: Tal y como lo explica Adler, solo somos verdaderamente conscientes de lo que valemos como personas cuando sentimos que somos útiles a alguien. Solo así podemos ser conscientes de lo que valemos y desarrollar la sensación de pertenencia que nos dice que «está bien estar aquí». Por otro lado, es imposible saber si nuestra conducta es útil de verdad o no. Porque incluso si parece que la persona que tenemos delante lo está pasando bien, es imposible saber si realmente es así.

Y esto nos lleva al «sentimiento de colaboración». Solo necesitamos tener la sensación subjetiva de que somos útiles a alguien o, en otras palabras el «sentimiento de colaboración». No es necesario buscar más allá. Intenta encontrar felicidad en la sensación de colaborar. Intenta encontrar alegría en el sentimiento de colaboración.

Adquirimos conciencia de que somos útiles a los demás a través de nuestras relaciones de trabajo y también a través de nuestras relaciones de amistad. Cuando llegamos a ese punto, la felicidad está ahí, a nuestro alcance.

JOVEN: Sí, lo acepto. De hecho, si te soy sincero, me acabas de presentar la teoría sobre la felicidad más sencilla y convincente de las muchas con las que me he topado hasta ahora. Y, por el contrario, es también el motivo por el que no acabo de entender tu afirmación de que podemos llegar a la felicidad a través del amor.

FILÓSOFO: Quizás sea por eso. Detengámonos un momento y piensa en la conversación que hemos mantenido acerca de la división del trabajo. El origen de la división del trabajo era «mi felicidad», es decir, el interés personal. Al final, mi felicidad conecta con la felicidad de otro y se instaura una relación basada en la división del trabajo. En resumen, es un intercambio saludable. De eso estamos hablando.

JOVEN: Sí, y es una conversación muy interesante.

FILÓSOFO: Por otro lado, lo que determina las relaciones de amistad es «tu felicidad». Creemos incondicionalmente en el otro y no pedimos garantías ni nada a cambio. No hay intercambio alguno. Las relaciones de amistad surgen del altruismo, de la seguridad incondicional y de entregarse al otro.

JOVEN: Sí, eso de «da y te será dado».

FILÓSOFO: Sí. En otras palabras, durante la búsqueda de «mi felicidad» forjamos relaciones de división del trabajo y durante la búsqueda de «tu felicidad» forjamos relaciones de amistad. Así que ¿cuál crees que es la búsqueda que permite forjar relaciones de amor?

JOVEN: Imagino que sería la búsqueda de la felicidad de la persona a la que se ama, una «tu felicidad» superior.

FILÓSOFO: No, no lo es.

JOVEN: ¡Oh! Entonces, ¿lo que dices es que, en realidad, el amor es egoísta y busca «mi felicidad»?

FILÓSOFO: No, tampoco es eso.

JOVEN: ¿Qué es entonces?

FILÓSOFO: En lugar del interés personal que nos lleva a buscar «mi felicidad» o del interés altruista que nos lleva a emprender la búsqueda de «tu felicidad», el amor es la construcción de la felicidad de un «nosotros» inseparable. Eso es el amor.

JOVEN: ¿Un «nosotros» inseparable?

FILÓSOFO: Sí. Sentimos que «nosotros» es superior a «yo» o «tú», y mantenemos ese orden en todas las decisiones que tomamos en la vida. No damos prioridad a la felicidad del «yo» y tampoco nos satisface la felicidad del «tú». A no ser que se trate de la felicidad de «nosotros» dos, la felicidad carece de sentido. Esa es la «tarea que llevan a cabo dos personas».

JOVEN: Entonces, ¿se trata de ser egocéntrico y altruista al mismo tiempo?

FILÓSOFO: No. No es una cuestión ni de egocentrismo ni de altruismo. El amor rechaza las dos cosas.

JOVEN: ¿Por qué?

FILÓSOFO: Porque el amor cambia el sujeto de la vida.

JOVEN: ¿El sujeto de la vida?

FILÓSOFO: Desde el mismo momento en que nacemos, miramos el mundo con los ojos del «yo», oímos sonidos con los oídos del «yo» y buscamos la felicidad del «yo». Esto es así para todo el mundo. Sin embargo, cuando conocemos el amor verdadero, el sujeto de la vida deja de ser «yo» y pasa a ser «nosotros». Nos permite vivir siguiendo unas directrices completamente distintas, que no tienen nada que ver ni con el egocentrismo ni con el altruismo.

JOVEN: Pero, entonces, ¿no quiere eso decir que el «yo» se desvanece en la nada?

FILÓSOFO: Sí, efectivamente. El «yo» se ha de desvanecer en la nada si uno quiere vivir una vida feliz.

JOVEN: ¿Cómo dices?

LA AUTONOMÍA CONSISTE EN SEPARARSE DEL «YO»

FILÓSOFO: El amor es una tarea que llevan a cabo dos personas, dos personas que alcanzan la felicidad gracias al amor. ¿Por qué el amor lleva a la felicidad? Porque el amor permite que nos liberemos del «yo».

JOVEN: ¿Que nos liberemos del yo?

FILÓSOFO: Sí. Cuando llegamos a este mundo, durante un tiempo somos los reyes supremos, el centro del universo. Todos los que nos rodean se preocupan por nosotros, nos consuelan día y noche, nos alimentan e incluso se ocupan de nuestras excreciones. Cuando el «yo» sonríe, el mundo sonríe. Y cuando el «yo» llora, todo el mundo acude a su rescate. En la mayoría de los casos somos como un dictador que reina sobre el territorio del hogar.

JOVEN: Sí, al menos es así en la actualidad.

FILÓSOFO: Se trata de un poder abrumador, casi dictatorial. ¿De dónde surge? Adler afirma que surge de la debilidad y que durante la infancia controlamos a los adultos mediante nuestra debilidad.

JOVEN: ¿Las personas que nos rodean nos ayudan porque somos débiles?

FILÓSOFO: Exacto. La debilidad puede ser un arma de extraordinario poder en las relaciones interpersonales. Esta fue una de las conclusiones cruciales a las que Adler llegó a partir de su experiencia clínica.

Te pondré el ejemplo de un niño en concreto. Tenía miedo a la oscuridad y, por la noche, su madre lo acostaba, apagaba la luz y se iba de la habitación. Y, cada noche, él rompía a llorar. Como no paraba de llorar, su madre volvía para preguntarle por qué lloraba. Una vez que se serenaba, respondía con voz quebradiza: «Porque está muy oscuro». La madre, que había identificado el objetivo del niño, suspiraba y decía: «Y ahora que he vuelto ya no está tan oscuro, ¿verdad?».

JOVEN: ¡Ja, ja, ja! ¡Seguro que no!

FILÓSOFO: El problema no era la oscuridad. Lo que el niño temía y quería evitar a toda costa era separarse de su madre. En palabras de Adler, «al llorar, al llamarla, al ser incapaz de conciliar el sueño, etcétera, causa problemas cuyo objetivo es mantener a su madre cerca».

JOVEN: Controla a su madre haciendo que se fije en lo débil que es.

FILÓSOFO: Sí. Parafraseando a Adler otra vez, «antaño vivían en una edad de oro en la que se les concedía todo lo que deseaban. Y algunos de ellos siguen creyendo que si lloran lo suficiente, protestan lo suficiente y se niegan a cooperar, conseguirán lo que sea que quieran. Son incapaces de centrarse en nada que no sea su beneficio individual y no pueden ver la vida y la sociedad en su conjunto».

JOVEN: ¡Una edad de oro! Sí, la verdad es que es así… ¡una verdadera edad de oro para los niños!

FILÓSOFO: Los niños no son los únicos que optan por este modo de vida. Hay muchos adultos que tratan sus propias debilidades, su infortunio, su dolor, su historia complicada o sus traumas como un arma con la que controlan a los demás. Intentan controlar a otros haciendo que se preocupen por ellos y limitando sus propias palabras y su propia conducta. Adler se refería a estos adultos como «niños mimados» y criticaba duramente su estilo de vida y su visión del mundo.

JOVEN: Yo tampoco lo aguanto. Creen que lo pueden solucionar todo a base de lágrimas y que exponer su dolor los exime de todo. Creen que las personas fuertes son malas e intentan hacer pasar sus personalidades débiles como buenas. Según su lógica, es inaceptable que los demás nos hagamos fuertes. Ser fuerte significa que uno ha vendido su alma al demonio y se ha convertido en la encarnación del mal.

FILÓSOFO: De todos modos, hay algo que debemos recordar: la inferioridad física del niño y sobre todo del recién nacido que acaba de llegar al mundo.

JOVEN: ¿El recién nacido?

FILÓSOFO: Al principio, los niños son dependientes y controlan a los adultos que los rodean llorando, es decir, llamando la atención sobre su propia debilidad. Si no consiguen que los adultos hagan lo que desean, quizás no superen otro día. No lloran porque estén mimados o porque sean egoístas. Si quieren sobrevivir, no tienen otra opción que convertirse en tiranos que reinan desde el centro del universo.

JOVEN: Sí, eso está claro.

FILÓSOFO: Todos los seres humanos comenzamos con un egocentrismo casi excesivo. De otro modo no sobreviviríamos. Sin embargo, no podemos ser el centro del universo para siempre. Tenemos que hacer las paces con el mundo y entender que formamos parte de él. Si entiendes eso, también te debería quedar claro el significado de la palabra «autonomía» de la que tanto hemos hablado hoy.

JOVEN: ¿El significado de la palabra «autonomía»?

FILÓSOFO: Sí. Por qué el objetivo de la educación ha de ser la autonomía. Por qué la autonomía es uno de los temas clave de la psicología adleriana. Qué significa la palabra «autonomía».

JOVEN: Dímelo, por favor.

FILÓSOFO: La autonomía consiste en «alejarse del egocentrismo».

JOVEN: ¡...!

FILÓSOFO: Por eso Adler llamó «interés social» al sentimiento de comunidad y por eso también lo describía como la preocupación por la sociedad y la preocupación por los demás. Tenemos que dejar atrás nuestro obstinado egocentrismo y olvidarnos de intentar seguir siendo el centro del universo. Nos tenemos que alejar del «yo». Nos tenemos que alejar del estilo de vida del niño mimado.

JOVEN: Entonces, si nos alejamos del egocentrismo, ¿podemos alcanzar por fin la autonomía?

FILÓSOFO: Sí. Las personas pueden cambiar. Podemos cambiar ese estilo de vida, esa visión del mundo y esa actitud ante la vida. Y el amor puede cambiar el sujeto de la vida de «yo» a «nosotros». El amor nos libera del «yo» y nos lleva a la autonomía y a aceptar de verdad el mundo.

JOVEN: ¿A aceptar el mundo?

FILÓSOFO: Sí. Conocer el amor y cambiar el sujeto de la vida a «nosotros». Es el comienzo de una vida nueva. El «nosotros» que comenzó como solo dos personas se va ampliando hasta que abarca a toda la comunidad y a toda la especie humana.

JOVEN: Eso es...

FILÓSOFO: Eso es el sentimiento de comunidad.

JOVEN: Amor, autonomía y sentimiento de comunidad. ¡Oh, maravilla de maravillas! ¡Todas las ideas de Adler están conectadas!

FILÓSOFO: Sí, y ahora estamos llegando a una conclusión fundamental. Ahondemos en ella juntos.

El «amor» del que le hablaba el filósofo era muy distinto a lo que se esperaba. El amor es «una tarea que llevan a cabo dos personas» y el objetivo que hemos de buscar no es la felicidad del «yo» o del «tú», sino la felicidad del «nosotros». Solo entonces nos podemos liberar del «yo». Nos libramos del egocentrismo y alcanzamos la verdadera autonomía. Ser autónomo significa dejar atrás el estilo de vida infantil y el egocentrismo. En ese momento, el joven tuvo la intuición de que intentaba abrir una puerta muy grande. ¿Qué le aguardaba al otro lado? ¿Una luz radiante o una oscuridad tenebrosa? Lo único que sabía era que tenía frente a sí la puerta que lo separaba de su propio destino.

¿A QUIÉN VA DIRIGIDO ESE AMOR?

JOVEN: ¿Con qué profundidad hemos de ahondar en ello?

FILÓSOFO: Si reflexionamos acerca de la relación entre el amor y la autonomía, es ineludible que abordemos la relación paternofilial.

JOVEN: Ah... sí, claro, lo entiendo.

FILÓSOFO: Los recién nacidos son incapaces de sobrevivir por sí solos. Necesitan ser objeto de la devoción constante de otros (sobre todo de sus madres) hasta que, al final, se pueden mantener sin ayuda. Si ahora estamos vivos, es porque recibimos el amor de nuestros padres y porque nos mostraron devoción. Incluso quienes piensan que crecieron privados de amor han de aceptar este hecho.

JOVEN: Sí, es cierto. Es un amor insuperablemente maravilloso y altruista.

FILÓSOFO: Sin embargo, si cambiamos el punto de vista, este tipo de amor implica una cuestión muy problemática que ni siquiera el especial vínculo que existe entre padres e hijos puede resolver completamente.

JOVEN: ¿Cuál?

FILÓSOFO: Por mucho que seamos el centro del universo durante la infancia, dependemos de nuestros padres para sobrevivir. Nuestros padres tienen el poder de la vida y de la muerte sobre el «yo», y si nos abandonaran, moriríamos. Los niños son lo suficientemente inteligentes para entenderlo. En algún momento se dan cuenta de que si siguen vivos, es porque sus padres los aman.

JOVEN: Sí, sin duda.

FILÓSOFO: Y ese es precisamente el momento en el que los niños eligen su estilo de vida. Cómo es el mundo que los rodea, cómo son las personas que lo habitan y cómo son ellos mismos. Eligen por sí solos esas actitudes respecto a la vida... ¿Entiendes lo que eso significa?

JOVEN: No, la verdad es que no.

FILÓSOFO: Cuando elegimos nuestro estilo de vida, el único objetivo posible es «conseguir que me quieran». Todos elegimos un «estilo de vida para ser queridos» como estrategia de supervivencia directamente relacionada con nuestras vidas.

JOVEN: ¿«Un estilo de vida para ser queridos»?

FILÓSOFO: Los niños son unos observadores magníficos. Reflexionan acerca del entorno en el que han aparecido y evalúan las personalidades y los estados de ánimo de sus padres. Si tienen hermanos, determinan qué lugar ocupan respecto a ellos, toman nota de sus personalidades y piensan qué tipo de «yo» tiene más probabilidades de ser amado. Y entonces eligen su estilo de vida en función de todos esos factores.

Por ejemplo, hay niños que eligen el estilo de vida de niño bueno y obediente. Y hay otros que optan por el estilo de vida de niño malo que lleva la contraria, lo rechaza todo y se rebela contra casi todo.

JOVEN: Ya, pero, ¿por qué? Si se convierten en niños malos, pierden toda probabilidad de ser queridos, ¿no?

FILÓSOFO: Esta es una cuestión que se malinterpreta con mucha frecuencia. No es que los niños que lloran, se enojan y se rebelan sean incapaces de controlar sus emociones. De hecho, las controlan bastante bien y las ponen en práctica. Porque saben que, si no llegan hasta ese punto, nunca obtendrán el amor y la atención de sus padres y su vida correrá peligro.

JOVEN: Entonces se trata de otra estrategia de supervivencia.

FILÓSOFO: Sí. Un estilo de vida para ser querido es, se mire como se mire, un estilo de vida egocéntrico cuyo objetivo es conseguir la atención de los demás a cualquier precio y ocupar como sea esa posición en el centro del universo.

JOVEN: Bueno, por fin lo empiezo a ver claro. En pocas palabras, las distintas conductas problemáticas que presentan mis alumnos parten de ese egocentrismo. Por lo tanto, dices que la conducta problemática parte de un estilo de vida para ser amado.

FILÓSOFO: Y eso no es todo. Es muy probable que ese «cómo conseguir que me quieran» que hunde sus raíces en las estrategias de supervivencia de la infancia se haya convertido en un criterio que determina el estilo de vida que adoptas ahora.

JOVEN: ¿Cómo?

FILÓSOFO: Aún no has alcanzado la autonomía en el sentido más estricto de la palabra. Sigues atrapado en un estilo de vida en el que eres el hijo de alguien. Si quieres fomentar la autonomía de tus alumnos y ser un educador de verdad, antes has de ser autónomo tú.

JOVEN: ¿Cómo puedes afirmar nada semejante? ¿En qué te basas? Me dedico a enseñar y vivo en ese círculo social. He elegido mi profesión por mí mismo, me mantengo con lo que gano y nunca les he pedido a mis padres dinero ni nada parecido. ¡Ya soy autónomo!

FILÓSOFO: Pero ¿amas ya a alguien?

JOVEN: ¡Argh!

FILÓSOFO: La autonomía no tiene que ver ni con el dinero ni con el trabajo. Es una actitud ante la vida, es un estilo de vida… Llegará el momento en que decidirás amar a alguien. Y será entonces cuando te podrás separar del estilo de vida de tu infancia y alcanzar la verdadera autonomía. Porque nos convertimos en adultos a través del amor que sentimos por otros.

JOVEN: ¿A través del amor que sentimos por otros?

FILÓSOFO: Sí. El amor es autonomía. Es convertirse en adulto. Por eso es tan difícil la tarea de amor.

CONSEGUIR EL AMOR DE NUESTROS PADRES

JOVEN: Pero ¡si soy autónomo! ¡Ya no dependo de mis padres! ¡Ni siquiera pienso en que quiero que me quieran! En lugar de dedicarme a la profesión que siempre habían soñado, opté por el salario bajo de un bibliotecario y ahora he emprendido el camino de la educación. He decidido que no me importa que eso pueda afectar a mi relación con ellos, estoy dispuesto a no gustarles. Para mí, decidir mi profesión fue, como mínimo, una manera de dejar atrás el estilo de vida de mi infancia.

FILÓSOFO: Tienes un hermano mayor, ¿verdad?

JOVEN: Sí. Se hará cargo de la imprenta de mi padre.

FILÓSOFO: Parece que seguir el mismo camino que tu familia no acababa de encajar contigo. Para ti, lo importante era hacer algo distinto a los demás. Si hubieras emprendido la misma profesión que tu padre y tu hermano, no habrías podido llamar la atención y no habrías podido materializar tu valor como persona.

JOVEN: ¿Cómo?

FILÓSOFO: Y va más allá del trabajo. Como tu hermano es mayor que tú, desde que naciste ha sido siempre más fuerte y ha tenido más experiencia que tú. Hicieras lo que hicieras, no tenías la menor posibilidad de ganar. ¿Qué podías hacer ante eso?

Según Adler, «en general, el hermano pequeño elige un camino completamente distinto al del resto de los miembros de la familia. En otras palabras, si ha nacido en el seno de una familia de científicos, se hará músico o comercial. Si ha nacido en una familia de comerciantes, se hará poeta. Siempre ha de ser distinto al resto».

JOVEN: ¡Eso no es más que una suposición! ¡Una suposición que, además, se mofa del libre albedrío!

FILÓSOFO: Sí, el propio Adler hablaba solo de «tendencias» en lo que se refiere al orden de nacimiento de los hermanos. Sin embargo, merece la pena saber qué tendencias suscita el entorno en el que nacemos.

JOVEN: ¿Y qué hay de mi hermano? ¿Qué tendencias le afectan a él?

FILÓSOFO: Cuando se trata del hijo mayor, y también en el caso de los hijos únicos, es posible que el mayor privilegio que obtienen sea que pudieron monopolizar el amor de sus padres. Los hermanos que llegan después no tienen la experiencia de monopolizar a sus padres. Siempre tienen un rival que va por delante de ellos y, en muchos casos, acaban entablando relaciones competitivas.

El hijo mayor, que monopoliza el amor de sus padres, ha de abandonar esa posición exclusiva cuando nace su hermano o hermana. Los primogénitos que no manejan bien este revés siguen anhelando recuperar su poder algún día. Adler describe a estos niños como «adoradores del pasado» que crean un estilo de vida conservador y pesimista en lo que se refiere al futuro.

JOVEN: Ja, ja, ja. Mi hermano tiene estas tendencias, sin duda.

FILÓSOFO: Es un estilo de vida en el que se percibe la importancia de la fuerza y de la autoridad, se disfruta del poder que se ostenta y se concede una importancia excesiva a la ley. Es un estilo de vida muy conservador.

Por el contrario, si el primogénito ya ha sido educado en valores como la colaboración y la ayuda cuando nace su hermano o hermana, es muy probable que se convierta en un líder excelente. Siguiendo el ejemplo de cómo lo han criado sus padres, este primogénito disfrutará cuidando de sus hermanos pequeños y aprenderá el significado de la colaboración.

JOVEN: De acuerdo, pero, entonces, ¿qué pasa con el segundo hijo? En mi caso, soy el segundo, pero también el último. ¿Qué tendencias presenta el segundo hijo según Adler?

FILÓSOFO: Adler dice que se puede reconocer al instante a un segundo hijo típico. El segundo hijo siempre tiene prisa, porque en su interior anida la sensación de que «tengo que ponerme al día». Tiene que atrapar a su hermano o hermana mayor. Y para atraparlo, para ponerse al día, tiene que acelerar. Se llevan al límite constantemente y traman sin cesar cómo atrapar, adelantar o incluso vencer a su hermano o hermana mayor. A diferencia del primogénito conservador que tiene las normas en gran estima, el segundo quiere poner patas arriba incluso la ley natural del orden de nacimiento.

Por lo tanto, el segundo hijo aspira a la revolución. En vez de intentar mantener la paz con la autoridad, como hacen los primogénitos, ellos quieren derrocarla.

JOVEN: ¿Insinúas que tengo las tendencias de un revolucionario impetuoso?

FILÓSOFO: Bueno, hasta ahí no llego. El objetivo de esta clasificación no es más que facilitar la comprensión humana, no determina nada.

JOVEN: Entonces, para terminar. ¿Qué me dices del hijo único? No tiene rivales ni por delante ni por detrás. El trono es suyo para siempre.

FILÓSOFO: Sí, es cierto que el hijo único carece de hermanos que rivalicen con él. Sin embargo, en este caso, son los padres quienes se convierten en sus rivales. El niño ansía tanto ser el objeto único del amor de su madre que acaba viendo a su padre como a un rival. Se halla en un entorno que promueve el desarrollo de lo que se conoce como «complejo de Edipo».

JOVEN: Oh, así que ahora te has vuelto freudiano.

FILÓSOFO: Sí, pero, para Adler, el problema principal era la situación de ansiedad psicológica en que se halla el hijo único.

JOVEN: ¿Ansiedad psicológica?

FILÓSOFO: En primer lugar, se enfrenta a la ansiedad que le produce tener que estar eternamente vigilante, por si acaba apareciendo un hermano o una hermana que le arrebaten el trono. No hay nada que le asuste más que la posibilidad de que nazca un príncipe nuevo. Además, ha de estar atento a la cobardía de sus padres.

JOVEN: ¿La cobardía de sus padres?

FILÓSOFO: Sí, eso he dicho. Hay parejas que, una vez que han tenido un hijo, se dicen que no se pueden permitir tener más por cuestiones económicas y por el esfuerzo que requeriría y los evitan, sea cual sea su situación económica.

Según Adler, muchas de esas parejas tienen una actitud cobarde y pesimista ante la vida. Además, la ansiedad es omnipresente en sus hogares y presionan excesivamente a su único hijo, que acaba sufriendo. En la época de Adler, la norma era tener varios hijos; quizás por eso insistió tanto en este punto.

JOVEN: Entonces, ¿los padres no pueden amar a sus hijos sin más?

FILÓSOFO: Sí. De hecho, el amor infinito se puede transformar en una herramienta para controlar al niño. Todos los padres han de tener muy claro el objetivo de la autonomía y esforzarse en forjar relaciones de igual a igual con sus hijos.

JOVEN: Y, entonces, al margen de cómo sean sus padres como personas, los niños eligen inevitablemente un estilo de vida que les asegure su amor.

FILÓSOFO: Sí. Lo cierto es que, por mucho que tus padres se opusieran a ello, tu decisión de ser bibliotecario primero y profesor después no basta por sí sola para afirmar que seas autónomo. Quizás lo cierto sea que elegir un camino distinto es, en realidad, un intento de salir vencedor de la pugna que mantienes con tu hermano y de asegurarte la atención de tus padres. Y quizás esperas ser reconocido como un ser humano valioso mediante el éxito en ese camino distinto. Quizás intentas derrocar a la autoridad y acceder al trono.

JOVEN: Y asumiendo que eso sea cierto, ¿ahora qué?

FILÓSOFO: La necesidad de aprobación te tiene atrapado. Vives pensando en cómo pueden quererte los demás, en cómo puedes conseguir el reconocimiento de los demás. Incluso el camino de educador, que aparentemente has elegido por ti mismo, podría ser una vida de «el yo que otros desean», una vida cuyo objetivo es ser reconocido por los demás.

JOVEN: ¿Este camino, esta vida que he elegido como educador?

FILÓSOFO: Mientras sigas aferrado a un estilo de vida infantil, no podrás descartar por completo esa posibilidad.

JOVEN: ¿Y qué sabrás tú? Estoy aquí, sentado, escuchando cómo te inventas patrañas sobre las relaciones familiares e incluso niegas mi vocación como educador.

FILÓSOFO: Te aseguro que el empleo no es el camino a la autonomía. Por lo general, vivimos controlados por el amor de nuestros padres. Elegimos nuestro estilo de vida en un momento en el que tan solo podemos anhelar que nos amen. Y luego, cuando crecemos y entramos en la edad adulta, seguimos reforzando ese estilo de vida.

La única manera de escapar del control que ejerce sobre nosotros el amor que se nos da es encontrar nuestro propio amor. Amar. No esperar a ser amado ni esperar las flechas de Cupido, sino amar a alguien porque nos lo proponemos. Esa es la única manera.

TENEMOS MIEDO A AMAR

JOVEN: Entonces, aunque normalmente lo reduces todo a la «valentía», ahora dices que en realidad todo tiene que ver con el «amor».

FILÓSOFO: El amor y la valentía son muy parecidos. Aún no has aprendido a amar. El amor te asusta y te hace dudar; por eso sigues atascado en el estilo de vida que elegiste en la infancia. No te atreves a lanzarte al amor.

JOVEN: ¿Ahora resulta que le tengo miedo al amor?

FILÓSOFO: Tal y como diría Fromm, «cuando se tiene el miedo consciente a no ser querido, el temor real, aunque normalmente inconsciente, es el miedo a amar». Luego dice: «Amar significa comprometerse sin garantías, entregarse por completo. El amor es un acto de fe y quien tiene poca fe también tiene poco amor». Por ejemplo, en cuanto tenemos la más mínima sospecha de que alguien nos mira bien, se nos despierta el interés por él o ella y nos empieza a gustar. Esto pasa, ¿verdad?

JOVEN: Sí. No creo que sea exagerado decir que la mayoría de las historias de amor comienzan así.

FILÓSOFO: En esta situación, primero nos hacemos con algún tipo de garantía de que se nos quiere, incluso si al final resulta que nos hemos equivocado. Nos da la sensación de que vamos sobre seguro: «Creo que le gusto» o «creo que no me rechazará». Y gracias a esa garantía nos permitimos empezar a amar más profundamente.

Por otro lado, el «amor» del que habla Fromm carece de garantía alguna. Amamos independientemente de lo que el otro piense de nosotros. Nos arrojamos al amor.

JOVEN: No hay que buscar garantías en el amor.

FILÓSOFO: No. ¿Por qué crees que la gente busca garantías en el amor? ¿Lo sabes?

JOVEN: Imagino que es porque no quieren que les hagan daño, porque no lo quieren pasar mal.

FILÓSOFO: No, lo que pasa es que tienen la seguridad de que les harán daño. Se medio convencen a sí mismos de que lo pasarán muy mal.

JOVEN: ¿Qué?

FILÓSOFO: Aún no te quieres a ti mismo. No te respetas y no tienes seguridad en ti mismo. Por eso acabas convencido de que si mantienes una relación amorosa, te acabarán haciendo daño y lo acabarás pasando mal. Porque crees que nadie podría querer a alguien como tú.

JOVEN: Bueno, pero es que es verdad, ¿no?

FILÓSOFO: «No tengo nada que me haga especial. Por eso no puedo construir una relación amorosa con nadie. No me puedo embarcar en el amor si no cuento con una garantía». Es una manera de pensar típica de las personas con complejo de inferioridad, que usan ese sentimiento como excusa para no resolver las tareas vitales.

JOVEN: Pero, pero…

FILÓSOFO: Tenemos que separar las tareas. Tu tarea es amar al otro. Cómo responda el otro a tu amor es su tarea, y tú careces de control sobre ello. Lo único que puedes hacer es separar las tareas y amar primero, desde ti. Eso es todo.

JOVEN: Ay, paremos un momento a ver si me aclaro. Es cierto que no he llegado a quererme a mí mismo. Tengo un sentimiento de inferioridad muy profundo que se ha acabado convirtiendo en un complejo de inferioridad. No he podido separar las tareas que tenía que separar. Si evalúo objetivamente la conversación que estamos manteniendo ahora, no puedo llegar a otra conclusión.

Entonces, ¿qué puedo hacer para resolver mi sentimiento

de inferioridad? Solo hay una solución. Conocer a alguien que acepte y ame a «este yo». De otro modo, no hay manera de que me pueda querer a mí mismo ni nada de eso.

FILÓSOFO: En otras palabras, tu postura es que «si me quieres, te querré».

JOVEN: Sí, imagino que, en pocas palabras, sí.

FILÓSOFO: Entonces, al final, solo ves si la otra persona te querrá o no. Aunque parece que la miras, en realidad solo te ves a ti mismo. Si esperas con esa actitud, ¿quién te va a querer?

Si hay alguien que pueda responder a una necesidad tan egocéntrica, esos son tus padres. Porque el amor de los padres, y especialmente el de la madre, es incondicional.

JOVEN: ¿Crees que me puedes tratar como si fuera un crío?

FILÓSOFO: Escúchame bien. La edad de oro ha terminado. Y el mundo no es tu madre. Tienes que mirar de frente el estilo de vida infantil que has ido arrastrando en secreto y volver a empezar. No esperes a que aparezca alguien que te quiera.

JOVEN: ¡No hacemos más que dar vueltas a lo mismo una y otra vez!

NO EXISTE EL AMOR PREDESTINADO

FILÓSOFO: No nos podemos quedar aquí. Demos otro paso adelante. Al principio de la conversación, cuando hemos hablado de la educación, he mencionado dos cosas que no se pueden forzar.

JOVEN: Sí, el respeto y el amor.

FILÓSOFO: Exacto. Por muy dictador que yo sea, no puedo obligar a nadie a que me respete. La única manera de forjar una relación de respeto es ser el primero en ofrecerlo. Es lo único que se puede hacer, independientemente de cómo pueda responder la otra persona. De eso hablaba antes.

JOVEN: Entonces, ¿quieres decir que con el amor pasa lo mismo?

FILÓSOFO: Sí, el amor tampoco se puede forzar.

JOVEN: De todos modos, aún no has respondido a mi pregunta principal. Mira, sí que quiero querer a alguien. De verdad, quiero tener a alguien a quien amar. El amor me asusta, sí, pero también lo anhelo. Entonces, ¿por qué no me lanzo?

Porque aún no he encontrado a esa persona clave, a la persona a quien amar. No he encontrado a mi pareja predestinada; por eso no se hace realidad mi deseo de amar. El problema más difícil de todo lo que tiene que ver con el amor es encontrar a la persona indicada.

FILÓSOFO: Entonces, ¿el amor verdadero comienza cuando conoces a la persona predestinada?

JOVEN: Sí, claro. Porque tu pareja es esa persona a la que

vas a dedicar tu vida y cambia el sujeto de la misma. ¡No me dirás que te puedes entregar por completo al primero que pase por la calle!

FILÓSOFO: De acuerdo, entonces, ¿a qué tipo de persona llamas «persona predestinada»? Es decir, ¿cómo sabrás que se trata del destino?

JOVEN: No lo sé... Supongo que cuando pasa, lo sabes. Es territorio desconocido para mí.

FILÓSOFO: Ya. Bueno, pues empecemos por responder con la postura básica de Adler acerca de este tema. Tanto si se trata del amor como de la vida en general, Adler no acepta ningún tipo de predestinación.

JOVEN: ¿No hay nadie predestinado para cada uno de nosotros?

FILÓSOFO: No.

JOVEN: ¡Por ahí sí que no paso!

FILÓSOFO: ¿Por qué tanta gente busca a su media naranja, a su persona predestinada? ¿Por qué nos hacemos ilusiones románticas acerca de nuestras parejas? Adler concluye que lo hacemos para eliminar a todos los candidatos.

JOVEN: ¿Eliminar a todos los candidatos?

FILÓSOFO: Lo cierto es que las personas que se lamentan de que no encuentran a nadie, como haces tú, en realidad conocen a gente a diario. A no ser que se den circunstancias extraordinarias, no hay nadie que no haya conocido a alguien durante el último año. Tú mismo habrás conocido a mucha gente, ¿no?

JOVEN: Hombre, si te refieres a estar en el mismo sitio que ellos...

FILÓSOFO: Sin embargo, transformar ese primer encuentro modesto en una relación de algún tipo exige valor. Exige atreverse a llamar al otro, a escribirle, etcétera.

JOVEN: Sí, claro. No es que exija cierta valentía. Es que exige todo el valor que uno pueda reunir.

FILÓSOFO: Entonces, ¿qué hace alguien que ha perdido el valor necesario para embarcarse en una relación? Se aferra a la fantasía de la persona predestinada... como haces tú.

Aunque, con mucha frecuencia, tienen enfrente a personas a las que podrían amar, se les ocurren mil y una razones para rechazarlas a todas. Bajan la mirada y piensan: «Tiene que haber alguien más ideal, más perfecto, alguien predestinado para mí». Evitan ahondar en las relaciones y eliminan unilateralmente a todos los candidatos.

JOVEN: Ni hablar.

FILÓSOFO: Se plantean ideales excesivos e inalcanzables para evitar todo lo que pueda llevar a relaciones con personas reales, de carne y hueso. Piénsalo. Esa es la realidad de la gente que se lamenta de que no conoce a nadie que valga la pena.

JOVEN: ¿Huyo de las relaciones? ¿Es eso lo que quieres decir?

FILÓSOFO: Vives en el reino de las posibilidades. Piensas en la felicidad como en algo que vendrá de fuera: «La felicidad aún no ha llegado, pero si consigo encontrar a la persona que me está destinada, todo irá bien».

JOVEN: ¡Maldita sea! No soporto que veas las cosas con tanta claridad.

FILÓSOFO: Sí, entiendo que resulte desagradable oír algo así. Pero si te planteas el objetivo de encontrar a la persona predestinada, la conversación acabará siempre en el mismo sitio.

EL AMOR ES UNA DECISIÓN

JOVEN: Venga, suéltalo. Si no hay nadie predestinado para cada uno, ¿en qué nos basamos para decidirnos a casarnos? El matrimonio consiste en elegir a una sola persona entre todas las que hay en el mundo, ¿no? No puede ser que afirmes que es cuestión de elegir solamente según aspecto físico, la situación económica, la posición social y estas cosas.

FILÓSOFO: El matrimonio no consiste en elegir un objetivo. Consiste en elegir un estilo de vida.

JOVEN: ¿Elegir un estilo de vida? Entonces, ¡el objetivo puede ser cualquiera!

FILÓSOFO: Sí, en última instancia, sí.

JOVEN: No me marees. ¿Quién podría dar por buena una afirmación así? ¡Retíralo ahora mismo!

FILÓSOFO: Soy consciente de que esta postura despierta mucho rechazo. Pero sí, podemos amar a cualquiera.

JOVEN: ¡Te estoy hablando muy en serio! Si tuvieras razón, querría decir que podría salir, abordar a la primera mujer que vea, sin saber ni quién es ni de dónde viene, amarla y casarme con ella. ¿Es eso lo que quieres decir?

FILÓSOFO: Si decidieras hacer eso, sí.

JOVEN: ¿Si lo decidiera?

FILÓSOFO: Hay muchas personas que sienten que el destino las ha unido y que deciden casarse basándose en esa intuición. Pero eso no confirma la existencia del destino. Lo que sucede es que han decidido creer en el destino.

Tal y como decía Fromm, «amar a alguien es más que una emoción intensa. Es una decisión, es un juicio, es una promesa».

Cómo suceda el encuentro es irrelevante. Tomamos la firme decisión de construir amor real a partir de ese momento. Nos enfrentamos a la tarea que llevan a cabo dos personas. El amor es posible con cualquier pareja.

JOVEN: Pero ¿acaso no te das cuenta de lo que dices? ¡Acabas de escupir en tu propio matrimonio! Dices que tu esposa no es la persona que te estaba predestinada, afirmas que cualquiera hubiera podido ser tu pareja. ¿Te atreverías a decir nada semejante delante de tu familia? Si lo hicieras, ¡serías el máximo exponente del nihilismo!

FILÓSOFO: No es nihilismo. Es realismo. La psicología adleriana niega el determinismo y rechaza el fatalismo. No hay nadie predestinado ni nada parecido para cada uno de nosotros, por lo que no cabe esperar que esa persona aparezca. Nada cambiará por mucho que esperemos. Y no pienso ceder en esta afirmación.

Sin embargo, si uno echa la mirada atrás y reflexiona sobre los muchos años recorridos junto a la pareja, es posible sentir la presencia de algo parecido al destino. En este caso, el destino no es nada predeterminado y tampoco que haya caído del cielo por casualidad. Debería ser algo construido gracias al esfuerzo de dos personas.

JOVEN: ¿Qué quieres decir?

FILÓSOFO: Estoy seguro de que, en realidad, ya lo sabes. El destino es algo que uno crea con sus propias manos.

JOVEN: ¡...!

FILÓSOFO: No nos podemos convertir en siervos de la fortuna. Debemos ser los artífices de nuestro propio destino. En lugar de buscar a esa persona destinada a nosotros, construimos relaciones de tal índole que uno las podría calificar de predestinadas.

JOVEN: Sé específico, ¿qué se supone que hay que hacer?

FILÓSOFO: Hay que bailar. Sin pensar en un futuro imposible de aprehender ni en un destino que podría no existir nunca. Nos limitamos a bailar en la danza del ahora con la pareja que tengamos delante en este momento.

Adler recomendó la danza a muchos de sus pacientes, niños incluidos, como un «pasatiempo en el que dos seres humanos participan en un trabajo colaborativo». El amor y el matrimonio se asemejan a un baile en pareja. Sin ni siquiera pensar en adónde quieren ir, se toman de la mano, miran de frente a la felicidad del momento presente y, en este instante al que llamamos ahora, bailan, bailan y bailan. Luego, las personas llaman destino al rastro que dejan durante ese prolongado baile.

JOVEN: El amor y el matrimonio son un baile entre dos personas…

FILÓSOFO: Ahora estás al borde de la pista de baile de la vida y te limitas a ver bailar a los demás. Asumes que no hay nadie que quiera bailar con alguien como tú mientras, en el fondo, tu corazón late, impaciente, esperando que esa persona predestinada te tienda la mano. Haces todo lo que puedes para soportar la situación y para protegerte, para no pasarlo peor de lo que lo pasas ya y para no dejar de gustarte a ti mismo.

Haz una cosa. Toma de la mano a la persona que haya junto a ti e intenta ejecutar el mejor baile que sea posible en este momento. El destino empezará a partir de ahí.

REELIGE TU ESTILO DE VIDA

JOVEN: Que estoy al borde de la pista de baile... ¡Ja, ja, ja! Como siempre, dejas a la gente como a un trapo. La cuestión es que ya he intentado bailar, por supuesto que he intentado bailar. Ya he tenido a alguien a quien llamar amante.

FILÓSOFO: Sí, estoy seguro de que sí.

JOVEN: Sin embargo, esa relación nunca hubiera podido conducir al matrimonio. Ni yo ni ella estábamos juntos para amarnos, sino que solo queríamos poder decir que yo era su novio y ella, mi novia. Ambos sabíamos que la relación acabaría tarde o temprano. No hablamos de un futuro juntos ni una sola vez y, por supuesto, ni siquiera mencionamos el matrimonio. Fue una relación pasajera.

FILÓSOFO: Sí, cuando somos jóvenes, mantenemos relaciones de ese tipo.

JOVEN: Además, desde el principio tuve la sensación de que era un pacto. Vi cosas que no me gustaban desde el principio, pero pensaba que no podía aspirar a más, que ella era el tipo de persona que estaba a mi alcance. Y creo que, probablemente, ella me eligió a mí por el mismo motivo. La verdad es que ahora me da bastante vergüenza haber pensado así. Por mucho que fuera cierto que no podía aspirar a más.

FILÓSOFO: Está muy bien que ahora puedas hacer frente a esos pensamientos.

JOVEN: Bueno, pero te quiero preguntar una cosa. ¿Qué te llevó a decidir que te querías casar? Si no hay una persona predestinada para nosotros y tampoco hay manera de saber lo que sucederá en el futuro, siempre existe la posibilidad de que aparezca alguien más atractivo. Si te casas, esa posibilidad desaparece. Entonces, ¿cómo decidimos? Quiero decir, ¿cómo decidiste casarte con esa persona y con nadie más?

FILÓSOFO: Quería ser feliz.

JOVEN: ¿Eh?

FILÓSOFO: Si amaba a esa persona, sería más feliz. Eso es lo que pensé. Ahora, al recordarlo, me doy cuenta de que adopté una mentalidad que buscaba «nuestra felicidad», es decir, que iba más allá de «mi felicidad». Sin embargo, entonces aún no conocía a Adler y tampoco había reflexionado demasiado acerca del matrimonio. Quería ser feliz, eso fue todo.

JOVEN: ¡Yo también quiero ser feliz! Todo el mundo se empareja con la esperanza de ser feliz. Pero el matrimonio tiene que ser algo distinto, ¿no?

FILÓSOFO: Bueno, en tu caso, no te emparejaste pensando que serías feliz, ¿no? Solo querías que las cosas fueran más sencillas.

JOVEN: ¿Cómo?

FILÓSOFO: Cultivar una relación de amor tiene su dificultad. Hay que asumir una gran responsabilidad y es posible que nos aguarden situaciones dolorosas o dificultades inesperadas. ¿Somos capaces de amar ante esta realidad? ¿Estamos decididos a amar a esa persona y a caminar junto a ella cuando aparezcan los problemas? ¿Podemos transformar esa emoción en una promesa?

JOVEN: ¿La responsabilidad... del amor?

FILÓSOFO: Imagina, por ejemplo, que alguien dice que le gustan las flores, pero no las cuida y deja que se marchiten. Se olvida de regarlas, no piensa en trasplantarlas a otra maceta ni en ajustar la cantidad de luz, y se limita a poner la maceta en algún lugar donde quede bien. Sí, seguramente sea verdad que a esa persona le gusta mirar las flores. Pero no se podría decir que le gustan o que las ama. El amor exige dedicación.

A ti te sucedió lo mismo. Evitaste la responsabilidad que

la persona que ama debería asumir. Devoraste el fruto de tu pasión, sin regar las flores ni plantar las semillas. Fue un amor hedonista y pasajero.

JOVEN: ¡Ya lo sé! ¡No la quise! Me aproveché de sus buenas intenciones.

FILÓSOFO: No es que no la quisieras. Es que no sabías lo que significa «querer». Estoy seguro de que, de haberlo sabido, habrías podido construir con ella una relación marcada por el destino.

JOVEN: ¿Con ella? ¿Crees que habría podido... con ella?

FILÓSOFO: Tal y como dice Fromm, «el amor es un acto de fe, y quien tenga poca fe también tiene poco amor». Adler habría hablado de «valentía» en lugar de «fe». Tuviste poco valor. Por lo tanto, pudiste amar poco. Como no te atreviste a amar, intentaste mantener el estilo de vida de tu infancia, el estilo de vida en que eras amado. Eso es todo.

JOVEN: De haberme atrevido a amar, ella y yo podríamos haber...

FILÓSOFO: Sí. Atreverse a amar es atreverse a ser feliz.

JOVEN: Entonces, dices que si me hubiera atrevido a ser feliz, podría haberla amado, podría haber abordado junto a ella la tarea que llevan a cabo dos personas.

FILÓSOFO: Y habrías alcanzado la autonomía.

JOVEN: No, no... ¡No lo entiendo! ¿Es que todo se reduce al amor? ¿El amor lo es todo? ¿Es el amor la única manera de encontrar la felicidad?

FILÓSOFO: Sí, el amor lo es todo. Las personas que buscan una vida fácil acaban encontrando placeres pasajeros, pero no podrán alcanzar la verdadera felicidad. La única manera de liberarnos del egocentrismo es amar a otro. La única manera de alcanzar la autonomía es amar a otro. Y la única manera de alcanzar el sentimiento de comunidad es amar a otro.

JOVEN: Pero antes has dicho que la felicidad reside en el sentimiento de colaboración y que si se alcanza este, se puede hallar la felicidad. ¿Acaso era mentira?

FILÓSOFO: No, no lo era. La cuestión está en cómo alcanzamos el sentimiento de colaboración o, mejor dicho, el estilo de vida. Todos deberíamos poder aportar algo a otro por el mero hecho de estar ahí. Contribuimos porque «existimos», no porque llevemos a cabo «actos» que se puedan ver. No hace falta que hagamos nada especial.

JOVEN: ¡Eso sí que es mentira! Es imposible sentir nada semejante.

FILÓSOFO: Eso es porque el sujeto de tu vida es el «yo». Cuando conozcas el amor y ese sujeto pase a ser «nosotros», todo cambiará. Alcanzarás el verdadero sentimiento de un «nosotros» que incluirá a toda la especie humana y en el que las personas contribuyen a la vida de los demás por el mero hecho de existir.

JOVEN: ¿Un sentimiento de «nosotros» que no solo incluirá a mi pareja, sino a toda la especie humana?

FILÓSOFO: En otras palabras, sentimiento de comunidad. Bueno, no me puedo meter más en tus asuntos. Pero si me pidieras consejo, probablemente diría algo parecido a esto: «Ama, sé autónomo y elige la vida».

JOVEN: ¡Ama, sé autónomo y elige la vida!

FILÓSOFO: Sí. Mira, el cielo ya se empieza a iluminar por el este.

Hasta la última fibra del joven entendía ahora el concepto de amor de Adler. «Si me atrevo a ser feliz, podré amar a alguien y reelegir mi vida. Ser autónomo de verdad». La espesa niebla que había enturbiado su visión se iba desvaneciendo ante él. Sin embargo, aún no sabía que al otro lado de la niebla no aguardaba un prado semejante al Edén. Amar, ser autónomo y elegir la vida sería un camino difícil.

LA VIDA ES SENCILLA

JOVEN: Vaya conclusión.

FILÓSOFO: Tendríamos que ir cerrando temas. Cerrarlos de verdad. La de esta noche debería ser nuestra última reunión.

JOVEN: ¿Cómo?

FILÓSOFO: Este estudio no es un lugar que jóvenes como tú deberían visitar una y otra vez. Y, aún más importante, eres profesor. Deberías estar en el aula, y los camaradas con quienes deberías hablar son esos niños que habitarán el futuro.

JOVEN: Pero ¡aún no lo entiendo del todo! Si lo dejamos aquí, me volveré a perder. Aún no he llegado a la escalera de Adler.

FILÓSOFO: Sí, es cierto que aún no has empezado a subir la escalera. Sin embargo, ya tienes el pie en el primer escalón. Hace tres años te dije: «El mundo es sencillo y la vida, también». Y ahora que llegamos al final de nuestra conversación de hoy, añadiré unas palabras más.

JOVEN: ¿Cuáles?

FILÓSOFO: Que el mundo es sencillo y la vida, también. La parte que falta es: «La sencillez es complicada». Es ahí donde el transcurrir de los días insignificantes se convierte en una tribulación.

JOVEN: ¡Ah!

FILÓSOFO: Conocer a Adler, estar de acuerdo con Adler y

aceptar a Adler no basta para cambiar la vida. Se suele decir que el primer paso es el más importante. Que todo irá bien si superamos esa primera prueba. Y no negaré que ese primer paso es el punto de inflexión clave.

Sin embargo, en la vida real, las tribulaciones de los días insignificantes no comienzan hasta que uno ha dado ese primer paso. Lo que se pone a prueba en realidad es si tenemos el valor suficiente para perseverar en el camino que hemos emprendido. Como en la filosofía.

JOVEN: Entonces es eso... ¡en realidad son esos días los que exigen más trabajo!

FILÓSOFO: Es muy probable que vuelvas a entrar en conflicto con Adler varias veces más. Tendrás dudas. Querrás detenerte y quizás te canses de amar y anheles ser amado. Y quizás quieras regresar a este estudio.

Sin embargo, cuando eso suceda, habla con los niños, pues ellos son tus camaradas, los que vivirán en el futuro. Y si pueden, en lugar de limitarse a heredar las ideas de Adler tal y como son, renuévenlas.

JOVEN: ¿Que renovemos a Adler?

FILÓSOFO: Adler no quería que su psicología quedara fijada en piedra y que solo estuviera al alcance de especialistas. Quería que su psicología se difundiera a todo el mundo y que siguiera creciendo, alejada del mundo académico, como una especie de sentido común de la humanidad.

No se trata de una religión con escrituras inmutables. Y Adler tampoco es un fundador sagrado, sino un filósofo que existió en el mismo plano que todos nosotros. Desde entonces han surgido artes nuevas, relaciones nuevas y también preocupaciones nuevas. El sentido común de las relaciones cambia lentamente, de la mano del cambio de los tiempos. Precisamente por eso, si apreciamos las ideas de Adler, las tenemos que actualizar continuamente. No nos podemos convertir en fundamentalistas. Esta es la misión que se nos ha confiado a los seres humanos que vivimos en la nueva era.

A LOS AMIGOS QUE CONSTRUIRÁN UNA NUEVA ERA

JOVEN: Pero ¿qué hay de ti? ¿Qué harás a partir de ahora?

FILÓSOFO: Supongo que me vendrán a ver otros jóvenes que oigan hablar de mí. Porque, por mucho que cambien los tiempos, las preocupaciones del ser humano siguen siendo las mismas. Recuerda que disponemos de un tiempo limitado en este mundo. Y dada esa limitación, todas nuestras relaciones interpersonales parten de la premisa de que han de terminar. No es un planteamiento nihilista. Lo cierto es que nos conocemos para despedirnos.

JOVEN: Sí, sin duda.

FILÓSOFO: Y, por lo tanto, solo podemos hacer una cosa. Invertir todo nuestro esfuerzo en conseguir que las despedidas de todas las reuniones, de todas las relaciones personales sean tan buenas como sea posible. Eso es todo.

JOVEN: ¿Centrar los esfuerzos en la mejor despedida posible?

FILÓSOFO: Invirtamos todo nuestro esfuerzo en garantizar que cuando llegue el momento de la despedida, podamos decir, satisfechos, que no ha sido un error conocer a esa persona y compartir tiempo con ella. Tanto si se trata de la relación con los alumnos, con los padres o con la persona amada.

Si, por ejemplo, la relación con tus padres terminara abruptamente, o si la relación con un alumno o con un amigo llegara a su fin, ¿podrías aceptar que es la mejor despedida posible?

JOVEN: N-no... Eso es...

FILÓSOFO: Entonces no te queda otra opción que comenzar a construir ahora mismo el tipo de relación que te permita aceptarlo. Eso es lo que significa «vivir en el momento presente».

JOVEN: Pero ¿no es demasiado tarde ya? ¿No será demasiado tarde si no empiezo hasta ahora?

FILÓSOFO: No, no es demasiado tarde.

JOVEN: Pero poner en práctica las ideas de Adler exige tiempo. Tú mismo dijiste que hay que invertir la mitad de los años vividos.

FILÓSOFO: Sí, pero esa es la postura de un investigador adleriano. De hecho, Adler dijo algo muy distinto.

JOVEN: ¿Qué dijo?

FILÓSOFO: Cuando le preguntaron si había un límite de tiempo a partir del cual las personas ya no pueden cambiar, Adler respondió que, efectivamente, había un límite temporal: «El tiempo se acaba el día antes de conocer a nuestro creador».

JOVEN: ¡Ja, ja, ja! ¡Qué personaje!

FILÓSOFO: Lancémonos al amor. Y dediquemos todo nuestro esfuerzo a que, llegado el momento de despedirnos de la persona amada, la despedida sea la mejor posible. No hace falta preocuparse del tiempo.

JOVEN: ¿Crees que soy capaz de hacerlo? ¿Invertir todo mi esfuerzo?

FILÓSOFO: Por supuesto que sí. Tú y yo hemos estado haciendo ese esfuerzo desde que nos conocimos hace tres años. Y ahora, de este modo, nos acercamos a la mejor despedida posible. Creo que no nos arrepentiremos del tiempo que hemos pasado juntos.

JOVEN: ¡En absoluto!

FILÓSOFO: Me siento muy orgulloso de que nos podamos despedir sintiéndonos así. A mis ojos, eres el mejor amigo posible. Muchas gracias.

JOVEN: Oh, claro, sí, y yo también te estoy muy agradecido. Te agradezco mucho tus palabras, de verdad. De lo que ya no estoy tan seguro es de merecerlas. ¿De verdad es necesario que nos despidamos para siempre? ¿No podemos volver a hablar?

FILÓSOFO: Se trata de tu independencia y de tu autonomía como amante del conocimiento, es decir, como filósofo. Ya te lo dije hace tres años, ¿recuerdas? Que deberías llegar a las respuestas por ti mismo y no fiarte de lo que te pueda decir otra persona. Puedes hacerlo.

JOVEN: Independencia, de ti…

FILÓSOFO: Hoy me siento lleno de esperanza. Tus alumnos se graduarán, amarán a alguien algún día, serán autónomos y se convertirán en adultos de verdad. Y algún día habrá docenas, incluso centenares de alumnos, y quizás los tiempos se pondrán a la altura de Adler.

JOVEN: Ese es precisamente el objetivo que tenía en mente hace tres años, cuando emprendí el camino de la educación.

FILÓSOFO: Está en tus manos construir ese futuro. No hay margen para la duda. No puedes ver el futuro, porque el futuro contiene posibilidades infinitas. No podemos ver el futuro. Por eso es tan importante que seamos dueños de nuestro destino.

JOVEN: Sí, tienes razón. No veo nada delante de mí. Nada en absoluto. ¡Casi es un alivio!

FILÓSOFO: Nunca he aceptado discípulos, y en todas mis interacciones contigo me he esforzado en no pensar en ti como tal. Sin embargo, ahora que te he transmitido todo lo que tenía que transmitir, tengo la sensación de haber entendido algo al fin.

JOVEN: ¿El qué?

FILÓSOFO: Que no buscaba ni discípulos ni sucesores, sino un compañero de viaje. Creo que me has animado a seguir mi camino, como un compañero de viaje con quien comparto ideales. Estoy seguro de que, a partir de ahora, sentiré tu presencia cercana estés donde estés.

JOVEN: ¡Sí! ¡Emprenderé ese viaje! ¡Estaré a tu lado, siempre!

FILÓSOFO: Bueno, ha llegado el momento de alzar la mirada y volver al aula. Tus alumnos te esperan. Una era nueva les espera a todos.

El estudio del filósofo, aislado del mundo exterior. «Al otro lado de esa puerta me aguarda el caos. El ruido, la discordia y una vida cotidiana incesante».

«El mundo es sencillo y la vida también», pero «la sencillez es complicada y es ahí donde el transcurrir de los días insignificantes se convierte en una tribulación». Era cierto. «Es irrefutable. Pero, sea como sea, me lanzaré de nuevo al caos. Porque mis camaradas, mis alumnos, viven ahí, en pleno caos. Porque ahí es donde vivo yo».

El joven respiró profundamente y, con una determinación absoluta, abrió la puerta.

EPÍLOGO

Este libro es la secuela de *Atrévete a no gustar*, coescrito con Ichiro Kishimi y publicado en 2013 en japonés y en 2018 en español.

Al principio no habíamos previsto escribir una secuela porque, aunque el libro no contenía todo el pensamiento de Alfred Adler, el fundador de la psicología adleriana, sí que conseguía destilar su esencia. *Atrévete a no gustar* obtuvo una respuesta favorable y yo no acababa de ver qué sentido tenía preparar la continuación de un libro que ya tenía su propia conclusión.

Entonces, un día, aproximadamente un año después de la publicación de ese primer libro y mientras hablábamos de cuestiones triviales, Ichiro Kishimi comentó: «Si Sócrates y Platón siguieran vivos hoy, quizás habrían elegido el camino de la psiquiatría en lugar del de la filosofía».

¿Sócrates y Platón, psiquiatras?

¿Era posible trasladar a un contexto clínico las ideas de la filosofía griega clásica?

El desconcierto me dejó sin habla durante unos instantes. Ichiro Kishimi es el mayor especialista en psicología adleriana de Japón y un filósofo con el conocimiento suficiente de la Grecia antigua como para poder traducir a Platón. Por lo tanto, su comentario no pretendía subestimar la filosofía griega. Creo que si tuviera que señalar el momento específico que llevó a la escritura de *Atrévete a ser feliz*, sería cuando Ichiro Kishimi hizo este comentario.

La psicología adleriana aborda todo tipo de problemas vitales con un lenguaje llano y accesible para todo el mundo; nunca recurre a términos complicados o difíciles de entender. Es una forma de pensamiento cuyas cualidades lo aproximan más a la filosofía que a la psicología. Creo que *Atrévete a no gustar* se aceptó más como una filosofía de vida que como un libro sobre psicología.

Por otro lado, cabría pensar que, en realidad, esta cualidad filosófica revela que el pensamiento de Adler no está completo como orientación psicológica y señala sus carencias en tanto que ciencia. ¿Acaso no explica eso por qué Adler es un gigante olvidado? Si no cuajó en el mundo académico, ¿no es precisamente porque no es una psicología completa? Estas dudas me habían seguido abrumando durante toda mi interacción con Adler.

Y entonces, el comentario de Ichiro Kishimi las esclareció.

Adler no eligió la psicología para analizar la mente humana. Emprendió el camino de la medicina motivado por la muerte de su hermano pequeño, y el elemento clave de su pensamiento siempre fue: «¿Qué es la felicidad para el ser humano?». A principios del siglo XX, la época de Adler, la psicología era el campo más avanzado en el conocimiento del ser humano y en la investigación de qué es en realidad la felicidad. Por lo tanto, no debemos caer en la trampa del nombre «psicología adleriana» ni invertir demasiado tiempo en comparar a Adler con Freud o Jung. Si Adler hubiera nacido en la Grecia antigua, es muy probable que hubiera elegido la filosofía. Y de haber nacido en la actualidad, es posible que Sócrates y Platón hubieran optado por la psicología. Tal y como Ichiro Kishimi dice con frecuencia, «la psicología adleriana es una manera de pensar que sigue la misma línea que la filosofía griega». Por fin siento que puedo aprehender el significado de esas palabras.

Por lo tanto, volví a leer la obra de Adler, pero esta vez entendiéndola como una filosofía. Luego visité de nuevo a Ichiro Kishimi en su casa de Kioto y mantuvimos una larga conversación. Naturalmente, el tema principal de la misma fue la teoría de la felicidad. Es la misma pregunta que Adler formulaba una y otra vez: «¿Qué es la felicidad para el ser humano?».

Nuestro diálogo, más apasionado que el anterior, tocó la teoría de la educación, la teoría de las organizaciones, la teoría del trabajo, la teoría social e incluso la teoría de la vida antes de llegar a su conclusión con los grandes temas del «amor» y la «autonomía». ¿Cómo entenderá el lector el amor y la autonomía de los que habla Adler? Nada me hace más feliz que la posibilidad de que el lector pueda sentir, como hice yo, un asombro extraordinario y una gran esperanza que sacudan su vida hasta los cimientos.

Por último, querría transmitir mi más sincera gratitud a Ichiro Kishimi, que siempre ha afrontado la vida de frente, como el filósofo amante del conocimiento que es, y a nuestros editores, Yoshifumi Kakiuchi y Kenji Imaizumi, de Diamond Inc., por su apoyo constante durante el prolongado periodo de escritura. Y sobre todo quiero dar las gracias a todos nuestros lectores.

Muchas gracias a todos.

FUMITAKE KOGA

* * *

Alfred Adler, el pensador que se adelantó cien años a su tiempo.

Desde la publicación de *Atrévete a no gustar* en 2013, el contexto de Adler y de su pensamiento ha evolucionado de forma significativa en Japón. Antes, cuando hablaba de Adler en seminarios y en la universidad, siempre tenía que empezar presentándolo: «Hace cien años vivió un pensador llamado Adler».

Sin embargo, ahora, vaya a donde vaya en Japón, ya no es necesario que lo presente así. Además, las preguntas que me formulan durante las sesiones de preguntas y respuestas son sagaces y muy bien fundamentadas. Tengo la sensación cada vez más fuerte de que ya no se trata de que «hace cien años vivió un pensador llamado Adler», sino de que ahora «Adler está presente» en muchas personas.

Es algo que ya intuí cuando *Atrévete a no gustar* fue el libro más vendido durante cincuenta y una semanas, una cifra récord, y superó el millón de ejemplares vendidos en Corea del Sur así como en Japón.

Hace tiempo que Adler es muy conocido en Europa y en América del Norte. En tanto que investigador de Adler desde hace muchos años, me resulta profundamente conmovedor ver que ahora, un siglo después, su pensamiento también se empieza a aceptar en Asia.

Atrévete a no gustar es como un mapa que informa a la población de la existencia de la psicología adleriana y ofrece una visión global de las ideas de Adler. Es un gran mapa que mi coescritor, Fumitake Koga, y yo confeccionamos a lo largo de varios años con la intención de crear una introducción definitiva a la psicología adleriana.

Por su parte, *Atrévete a ser feliz* es como una brújula que orienta en el proceso de poner en práctica las ideas de Adler y vivir una vida feliz. También se puede entender como un conjunto de directrices conductuales que muestran cómo avanzar hacia los objetivos que se presentan en el primer libro.

Adler fue un pensador incomprendido durante muchos años.

Hubo innumerables ejemplos, sobre todo en lo relativo a su enfoque del «aliento», en los que su pensamiento se usó, o incluso se abusó, con propósitos que no hubieran podido estar más alejados de su intención original. Es decir, se usó para controlar y manipular a otros en entornos educativos y de crianza, además de en contextos de desarrollo de personal en empresas, etcétera.

Es posible que eso se deba a que, en comparación con otros psicólogos de la época, Adler era un verdadero apasionado de la educación. Aunque durante sus estudios universitarios desarrolló un profundo interés por el socialismo, cuando vivió la realidad de la revolución rusa después de la primera guerra mundial, perdió la fe en el marxismo. A partir de ese momento, no buscó la salvación de la especie humana a través de la reforma política, sino de la reforma educativa.

Uno de los mayores triunfos de Adler fue la fundación de varias clínicas de orientación infantil (las primeras del mundo en escuelas públicas) al amparo de la ciudad de Viena.

Además, usó esas clínicas de orientación infantil no solo como lugares donde tratar a los niños y a sus padres, sino como espacios para formar a maestros, médicos y terapeutas. Básicamente, la psicología adleriana se propagó a partir de ahí, desde la escuela, a todo el mundo.

Adler no concebía la escuela como un centro donde lograr el éxito académico, reformar a niños problemáticos ni nada parecido. La escuela era un lugar desde donde promover el avance de la especie humana y cambiar el futuro. Eso era la educación para él. Adler llegó a afirmar: «El maestro moldea la mente de los niños y tiene en sus manos el futuro de la humanidad».

¿Limitaba Adler esas expectativas a la profesión docente?

No, en absoluto. Tal y como evidencia su descripción de la psicoterapia como «reeducación», Adler consideraba que todas las personas que vivían en comunidad participaban en el proceso educativo y podían educar y ser receptores de educación. Yo mismo, que entré en contacto con Adler durante la crianza de mis hijos, he aprendido mucho de los niños. Por supuesto, el lector también es educador y alumno a la vez.

En cuanto a su psicología, Adler afirmó que entender al ser humano no es tarea fácil. «La psicología individual es, probablemente, la más difícil de aprender y de poner en práctica de todas las psicologías».

No cambiaremos nada si nos limitamos a estudiar a Adler.

No avanzaremos en absoluto si lo conocemos solo como forma de conocimiento.

Y aunque hayamos reunido el valor necesario para dar el primer paso, no servirá de nada si lo dejamos ahí. Da otro paso. Y otro y otro. La suma de muchísimos pasos individuales es lo que llamamos «caminar».

Mapa y brújula en mano, ¿qué camino emprenderás a partir de ahora? ¿O te vas a quedar justo donde estás? Nada me haría más feliz que saber que este libro ha contribuido en algo a que te atrevas a ser feliz.

Ichiro Kishimi